D0726104

pbp

collection science de l'homme
dirigée par gérard mendel

wilhelm reich

écoute,
petit homme !

traduit de l'allemand par
pierre kamnitzer
illustrations de william steig

230

petite bibliothèque payot
106, boulevard saint-germain, 75006 paris

Mon Dieu!

Vous qui faites le bon apôtre et vous
moquez de moi,
De quoi est faite votre politique depuis
que vous gouvernez le monde ?
De coups de poignard et de massacres !

Charles de Coster, *Tyl Ulenspiegel.*

INTRODUCTION

Écoute, petit homme! n'est pas un document scientifique mais un document humain. Il a été rédigé en été 1945 pour les archives de l'Orgone Institute et n'était pas destiné à être publié. Il est l'aboutissement de tempêtes et luttes intérieures d'un homme de science et d'un médecin qui a observé pendant des décennies, d'abord en spectateur naïf, puis avec étonnement et enfin avec horreur, ce que l'homme de la rue *s'inflige à lui-même*, comment il souffre et se révolte, comment il admire ses ennemis et assassine ses amis ; comment — au moment même où il accède au pouvoir en assumant la fonction de *représentant du peuple* — il abuse de sa puissance et la rend pire que celle dont auparavant il avait à souffrir de la part de certains sadiques des classes supérieures.

Ces propos adressés au « petit homme » sont la réplique silencieuse au commérage et à la calomnie. Au moment où cette réplique fut rédigée, personne n'avait l'idée que des autorités gouvernementales qui devaient protéger la santé en collaboration avec les politiciens et les psychanalystes, allaient attaquer la recherche de « l'orgone » (je dis bien qu'elle a essayé de *l'étouffer par la calomnie* et non de prouver qu'elle était déraisonnable). Or, c'est de la recherche sur l'orgone que dépendent pour une large part la vie et la santé de l'homme. Voilà qui justifie la publication de ces « propos », à titre de document historique. Il a semblé nécessaire que l'homme de la rue apprenne ce qui se passe dans un laboratoire de recherche, qu'il sache ce qu'il représente aux yeux d'un psychiatre expérimenté. L'homme de la rue doit prendre contact avec la réalité qui est seule capable de contrecarrer sa nostalgie pernicieuse de l'autorité. Il faut lui faire savoir quelle *responsabilité* il assume, qu'il travaille, qu'il aime, qu'il haïsse ou qu'il se livre aux commérages. Il doit savoir comment il peut devenir un fasciste rouge ou noir. Quiconque lutte pour la sauvegarde de la vie et la protection de nos enfants doit être un adversaire du fascisme rouge et noir. Non pas parce que le fascisme rouge est aujourd'hui une idéologie assassine, comme l'était naguère le fascisme noir, mais parce qu'il fait d'enfants pleins de vie et bien portants des infirmes, des robots, des idiots moraux ; parce que pour lui l'État passe avant le droit, le mensonge avant la vérité, la guerre avant la vie ; parce que l'enfant, la sauvegarde de l'être naissant sont le seul espoir ! Il n'existe qu'une *seule* instance envers laquelle l'éducateur et le médecin se doivent d'être loyaux, c'est la vie dans l'enfant et dans le malade ! Si l'on s'en tient strictement à cette loyauté, les grands problèmes de « politique étrangère » trouveront facilement une solution.

Ces « propos » n'ont pas la prétention de servir de schéma d'existence à qui que ce soit. Ils relatent des tempêtes dans la vie émotionnelle d'un individu productif et heureux. Ils ne se proposent pas de convaincre ou de convertir. Ils décrivent une expérience comme le peintre décrit un orage. Le lecteur n'est pas obligé d'y adhérer, ou de montrer son enthousiasme. Il peut les lire ou y renoncer. Ils ne contiennent ni profession d'intentions ni programmes. Ils réclament simplement pour le chercheur et le penseur le droit d'avoir des réactions personnelles, ce droit qu'on ne refuse ni au poète ni au philosophe. Ils s'insurgent contre la prétention cachée et méconnue de la peste émotionnelle de décocher, à partir d'une embuscade bien protégée, des flèches empoisonnées au chercheur penché sur son travail. Ils dévoilent la nature de la peste émotionnelle, ses manières d'agir et de retarder tout progrès. Ils proclament la confiance dans les immenses trésors inexploités qui se cachent au fond de la « nature humaine » et qui ne demandent qu'à combler les espoirs des hommes.

Dans ses relations sociales et humaines, la vie est ingénue et aimable, et par là même menacée dans les conditions actuelles. Elle part de l'idée que le compagnon observe les lois de la vie, qu'il est aussi aimable, serviable et généreux. Tant que sévira la peste émotionnelle, l'attitude fondamentalement naturelle, que ce soit celle de l'enfant bien portant ou celle de l'homme primitif, se révèle comme la plus grande menace dans la lutte pour un ordre de vie rationnel. Car l'individu pestiféré attribue à ses semblables également les traits de sa propre manière de penser et d'agir. L'individu aimable s'imagine que tout le monde est aimable et agit en conséquence. Le pestiféré croit que tous les hommes mentent, trompent, trahissent et convoitent le pouvoir. Il va sans dire que, dans ces conditions, la vie est désavantagée et menacée. Quand elle se montre généreuse pour le pestiféré, elle est vidée de tout son sang, puis tournée en dérision ou trahie ; quand elle fait confiance, elle est dupée.

Il en a toujours été ainsi. Il est grand temps que la vie se durcisse là où la dureté est indispensable à la lutte pour sa sauvegarde et son développement ; en agissant ainsi, elle ne perdra pas sa bonté, à condition de s'en tenir courageusement à la vérité. Ce qui nourrit notre espoir c'est le fait qu'on trouve, parmi des millions d'individus actifs et honnêtes, seulement *une poignée* de pestiférés qui provoquent des malheurs sans nom en faisant appel aux impulsions ténébreuses et dangereuses de l'individu cuirassé, nivelé dans la masse, et en le poussant à l'assassinat politique organisé. Il n'y a qu'un seul remède contre les germes de la peste émotionnelle dans l'individu nivelé dans la masse : sa propre perception de la vie agissante. La vie ne réclame pas le pouvoir, mais le droit de *remplir* la tâche qui lui est dévolue dans l'existence humaine. Elle se fonde sur trois piliers qui ont pour nom amour, travail, connaissance.

Quiconque se propose de protéger la vie contre les atteintes de la peste émotionnelle doit apprendre à se servir, pour le bien, de la liberté de parole dont nous jouissons aux États-Unis et dont la peste émotionnelle abuse pour le mal. Quand la liberté d'expression est assurée à tous, l'ordre rationnel finit par l'emporter. Et cet espoir n'est pas négligeable !

Tu n'es qu'un « petit homme » !

ÉCOUTE, PETIT HOMME!

Ils t'appellent « petit homme », « homme moyen ». « homme commun » ; ils annoncent qu'une ère nouvelle s'est levée, « l'ère de l'homme moyen ».

Cela, ce n'est pas *toi* qui le dis, petit homme! Ce sont *eux* qui le disent, les vice-présidents des grandes nations, les leaders ouvriers ayant fait carrière, les fils repentis des bourgeois, les hommes d'État et les philosophes. Ils te donnent ton avenir mais ne se soucient pas de ton passé.

Tu es l'héritier d'un passé horrible. Ton héritage est un diamant incandescent entre tes mains. C'est *moi* qui te le dis!

Un médecin, un cordonnier, un technicien, un éducateur doit connaître ses faiblesses s'il veut travailler et gagner sa vie. Depuis quelques années, tu as commencé à assumer le gouvernement de la terre. L'avenir de l'humanité dépend donc de tes pensées et de tes actes. Mais tes professeurs et tes maîtres ne te disent pas ce que tu penses et ce que tu es réellement ; personne n'ose formuler sur toi la seule critique qui te rendrait capable de prendre en main ta propre destinée. Tu n'es « libre » que dans un sens bien déterminé : libre de toute préparation à la maîtrise de ta propre vie, libre de toute auto-critique.

Jamais je n'ai entendu dans ta bouche cette plainte : « Vous prétendez faire de moi mon propre maître et le maître du monde, mais vous ne me dites pas comment on peut se maîtriser, vous ne me révélez pas mes erreurs dans ma façon de faire, de penser et d'agir ! »

Tu t'en remets au puissant pour qu'il exerce son autorité sur le « petit homme ». Mais tu ne dis rien. Tu confies aux puissants ou aux impuissants animés des pires intentions le pouvoir de parler en ton nom. Et trop tard tu t'aperçois qu'une fois de plus on t'a trompé.

Je te comprends. D'innombrables fois je t'ai vu nu, physiquement et psychiquement, sans masque, sans carte de membre d'un parti politique, sans ta « popularité ». Nu comme un nouveau-né, comme un feld-maréchal en caleçon. Tu t'es lamenté devant moi, tu as pleuré, tu m'as parlé de tes aspirations, de ton amour et de ton chagrin. Je te connais et te comprends. Je vais te dire comment tu es, petit homme, car je crois sérieusement en ton grand avenir. Il est à toi, sans doute ! Ainsi, ce qu'il faut en premier lieu, c'est te regarder toi-même. Regarde-toi comme tu es réellement. Écoute ce que te disent tes führers et tes représentants :

« Tu es un *petit homme moyen* ! » Réfléchis bien au double sens de ces deux mots, « petit » et « moyen »...

Ne te sauve pas. Aie le courage de te regarder toi-même !

« De quel droit voulez-vous me donner une leçon ? »

16

Je vois poindre cette question dans ton regard craintif. Je la vois sur ta bouche arrogante, petit homme! Tu as peur de te regarder, tu as peur de la critique, petit homme, tout comme tu as peur de la puissance qu'on te promet. Tu n'as aucune envie d'apprendre comment utiliser cette puissance. Tu n'oses pas t'imaginer que tu pourrais un jour ressentir autrement ton Moi ; que tu puisses être libre et non plus comme un chien battu, franc et non plus tacticien ; que tu puisses aimer au grand jour et non plus clandestinement, à la faveur de la nuit. Tu te méprises toi-même, petit homme. Tu dis : « Qui suis-je pour avoir une opinion personnelle, pour décider de ma vie, pour déclarer que le monde m'appartient ? » Tu as raison : Qui es-tu pour être le maître de ta vie ? Je vais te dire qui tu es :

Tu te distingues par *un seul trait* des hommes réellement grands : le grand homme a été comme toi un petit homme, mais il a développé une qualité importante : il a appris à voir où se situait la faiblesse de sa pensée et de ses actions. Dans l'accomplissement d'une grande tâche il a appris à se rendre compte de la menace que sa petitesse et sa mesquinerie faisaient peser sur lui. *Le grand homme sait quand et en quoi il est un petit homme. Le petit homme ignore qu'il est petit et il a peur d'en prendre conscience.* Il dissimule sa petitesse et son étroitesse d'esprit derrière des rêves de force et de grandeur, derrière la force et la grandeur *d'autres hommes.* Il est fier des grands chefs de guerre, mais il n'est pas fier de lui. Il admire la pensée qu'il n'a *pas* conçue, au lieu d'admirer celle qu'il a conçue. Il

17

Tu es ton propre persécuteur.

croit d'autant plus aux choses qu'il ne les comprend pas, et il ne croit pas à la justesse des idées dont il saisit facilement le sens.

Je vais commencer par le petit homme en moi :

Pendant vingt-cinq ans, je me suis fait le défenseur, par ma parole et par mes livres, de ton *droit au bonheur en ce monde* ; je t'ai reproché ton incapacité à t'emparer de ce qui t'appartient, à mettre la main sur ce que tu as conquis de haute lutte sur les barricades à Paris et à Vienne, par l'émancipation des États-Unis, par la révolution russe. Or, Paris a abouti à Pétain et à Laval, Vienne à Hitler, la Russie à Staline, et l'indépendance américaine pourrait fort bien se terminer par le régime d'un K. K. K. Tu as mieux su conquérir la liberté que la garder pour toi et pour les autres. Cela je le savais depuis longtemps. Mais je ne comprenais pas pourquoi, à peine sorti du marasme, tu t'es enfoncé dans un autre, pire que le premier. Mais peu à peu et en tâtonnant, j'ai découvert ce qui faisait de toi un esclave : TU ES TON PROPRE ARGOUSIN. Tu es le seul et unique responsable de ton esclavage. Toi et personne d'autre !

Voilà qui te surprend ? Tes libérateurs te racontent que les responsables sont Guillaume, Nicolas, le Pape Grégoire, Morgan, Krupp ou Ford. Quant à tes « libérateurs », ils s'appellent Mussolini, Napoléon, Hitler, Staline.

Moi, je te dis : *Ton seul libérateur, c'est toi !*

Là, je m'arrête... Je prétends être un combattant de la pureté et de la vérité. Et voilà que j'hésite à l'instant même où je m'apprête à te dire la vérité sur toi, parce que j'ai peur de toi et de ton attitude

Ton seul libérateur, c'est toi!

face à la vérité. Te dire la vérité met ma vie en danger. La vérité apporte aussi le salut, mais elle est la proie de toutes les bandes. Si ce n'était pas le cas, tu n'en serais pas là et tu serais un autre homme !

Mon esprit me dit : dis la vérité quoi qu'il t'en coûte. Le petit homme en moi-même me dit : c'est stupide d'encourir le courroux du petit homme, de se mettre à sa merci. Le petit homme ne tient pas à apprendre la vérité sur lui-même. Il ne tient pas à assumer la grande responsabilité qui est la sienne. Il tient à rester un petit homme ou à devenir un petit grand homme. Il voudrait s'enrichir, atteindre au rang de leader politique, être nommé Président des Anciens Combattants ou secrétaire général de l'Union pour le relèvement de la moralité publique. Il ne tient pas à être responsable de ce qu'il fait, du ravitaillement, de la construction de logements, des transports, de l'éducation, de la recherche, de l'administration, etc.

Le petit homme en moi me dit :

« Tu es devenu un grand homme, on te connaît en Allemagne, en Autriche, en Scandinavie, en Grande-Bretagne, aux États-Unis, en Palestine, etc... Les communistes t'ont fait la guerre. Les « gardiens des valeurs culturelles » te détestent. Tes étudiants te témoignent de la sympathie. Tes anciens malades t'admirent. Les pestiférés sont à tes trousses. Tu as écrit douze livres et cent cinquante articles sur les misères de la vie, sur les misères du petit homme. Tes découvertes et tes théories sont enseignées dans les universités ; d'autres grands hommes, qui partagent ta grandeur et ton isolement, disent que tu es un *très* grand homme. Tu es l'égal des géants de l'histoire de la découverte scientifique. Tu as fait une des plus grandes découvertes de ces derniers siècles, car tu as découvert l'énergie vitale cosmique et les lois du fonctionnement de la vie. Tu as expliqué le cancer. On t'a chassé d'un pays à l'autre, parce que tu as proclamé la vérité. Ne t'en fais pas! Récolte les fruits de ton travail, jouis de ta célébrité. Tu as assez travaillé! Tiens-toi tranquille et poursuis tes recherches sur les lois du fonctionnement de la vie!»

Voilà ce que dit le petit homme en moi qui a peur du petit homme que tu es!

Pendant longtemps, j'ai été en contact avec toi parce que je connaissais ta vie par mes propres expériences et que je voulais t'aider. J'ai maintenu ce contact parce que je me rendais compte que je t'aidais effectivement et que tu réclamais mon aide, souvent en versant des larmes. Peu à peu, j'ai réalisé que tu acceptais mon aide mais que tu étais incapable de la défendre. Je l'ai défendue, et j'ai livré de rudes combats à ta place. Puis arrivèrent tes führer qui détruisirent mon œuvre. Tu ne disais mot et tu les suivais. Or, j'ai maintenu le contact avec toi pour voir comment t'aider sans périr en devenant ton führer ou ta victime. Le petit homme en moi voulait te persuader, te « sauver », il voulait être regardé par toi avec ce même regard de vénération que tu accordes aux « mathématiques supérieures » parce que tu n'as pas la moindre idée de ce que c'est. Moins tu comprends, plus tu es disposé à admirer. Tu connais mieux Hitler que Nietzsche, Napoléon mieux que Pestalozzi. Un roi a plus d'importance pour toi qu'un Sigmund Freud. Le petit homme en moi voudrait te conquérir par les moyens qu'emploient tes führer. Je prends peur de toi quand c'est le petit homme en moi qui voudrait te « conduire vers la liberté ». Tu serais capable de te découvrir en moi et moi en toi, de t'effrayer et de te tuer en moi. C'est pourquoi je ne suis plus disposé à mourir pour ta liberté d'être l'esclave de n'importe qui.

Esclave de n'importe qui.

Je sais que tu ne comprends pas ce que je veux dire par « la liberté d'être l'esclave de n'importe qui » ; j'admets que c'est un problème difficile.

Pour ne plus être l'esclave *d'un seul maître* et devenir celui *de n'importe qui*, il faut d'abord se débarrasser de l'oppresseur individuel, mettons du tsar. Or, on ne saurait accomplir ce meurtre politique sans un idéal de liberté et sans mobiles révolutionnaires. On fonde donc un parti révolutionnaire de libération sous la conduite d'un homme réellement grand, mettons Jésus, Marx, Lincoln ou Lénine. Le vrai grand homme prend très au sérieux ta liberté. Pour te l'assurer sur le plan pratique, il est obligé de s'entourer d'une nuée de petits hommes, d'aides et d'hommes de main, puisqu'il ne peut accomplir tout seul cette œuvre gigantesque. D'autre part, tu ne le comprendrais pas et le laisserais tomber s'il ne s'entourait pas de petits grands hommes. Mais grâce à ces petits grands hommes, il conquiert pour toi le pouvoir ou une vérité, ou une foi plus vraie et plus authentique. Il écrit des évangiles, il édicte des lois libératrices et il compte sur ton aide et sur ton sérieux. Il t'arrache à ton bourbier social. Pour retenir à ses côtés tant de petits grands hommes, pour s'assurer ta confiance, le vrai grand homme doit sacrifier peu à peu sa grandeur qu'il n'a pu sauvegarder que dans la solitude spirituelle la plus absolue, loin de toi et de ton existence bruyante, en maintenant pourtant un contact étroit avec ta vie. Pour te conduire, il doit accepter que tu le transformes en un dieu inaccessible. Tu ne lui ferais pas confiance s'il restait l'homme simple qu'il a été, s'il pouvait aimer une femme même sans exhiber un certificat de mariage. Dans ce sens précis, c'est *toi* qui crées ton *nouveau* maître. Bombardé « nouveau maître », le grand homme perd sa grandeur, car sa grandeur était faite de franchise, de simplicité, de courage et d'un contact effectif avec la vie. Les petits grands hommes qui tirent leur grandeur d'un grand homme authentique accaparent les plus hauts postes dans le domaine de la finance, de la diplomatie, de l'adminis-

24

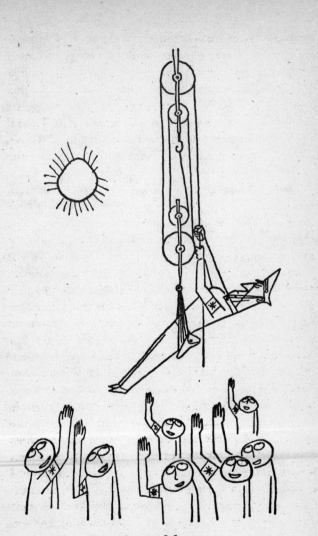

Le petit grand homme.

tration, des sciences et des arts — et toi, tu restes où tu étais, *dans le bourbier*. Tu continues de te promener en loques pour « l'avenir socialiste » ou le « troisième Reich ». Tu continues de vivre dans des taudis couverts de chaume, aux murs enduits de bouse de vache. Mais tu es fier de ton « palais de la culture ». Tu te contentes de *l'illusion* de gouverner — jusqu'à la prochaine guerre et à la chute des *nouveaux* maîtres.

Dans quelques pays lointains, de petits hommes ont soigneusement étudié ton désir d'être l'esclave de n'importe qui et ont appris à devenir sans grands efforts intellectuels de grands petits hommes. Ces grands petits hommes sont issus de *ton* milieu, ils n'ont pas grandi dans des palais ou des châteaux. Ils ont eu faim comme toi, ils ont souffert comme toi. Ils ont appris l'art de remplacer plus vite les maîtres établis. Ils se sont rendu compte que des siècles d'efforts intellectuels pour t'assurer la liberté, que des sacrifices personnels pour ton bonheur, que même le sacrifice de la vie étaient un prix trop élevé pour faire de toi un esclave. Ce que les grands penseurs de la liberté ont élaboré et souffert en un siècle pouvait être détruit en moins de cinq ans. Les petits hommes issus de tes rangs ont abrégé le processus : ils opèrent au grand jour et brutalement. Mieux, ils ne se gênent pas de te raconter que toi, ta vie, ta famille et tes enfants ne *comptent pas*, que tu es stupide et obséquieux, qu'on peut faire de toi ce qu'on veut. Ils ne te concèdent pas la liberté personnelle mais la liberté *nationale*. Ils ne te promettent pas le respect de la personne humaine, mais le respect de l'État, non pas la grandeur personnelle mais la grandeur nationale. Comme la « liberté personnelle » et la « grandeur personnelle » ne te disent rien, alors que la « liberté nationale » et les « intérêts de l'État » te font venir l'eau à la bouche, comme un chien à qui on lance un os, tu les acclames à grands cris. Aucun de ces petits hommes ne paie le prix de la liberté qu'ont payé un Jésus, un Giordano Bruno, un Karl Marx ou un Lincoln. Ils ne t'aiment pas, ils te méprisent, parce que *tu te méprises toi-même*, petit homme ! Ils te connaissent bien, mieux qu'un Rockefeller ou les Tories. Ils sont au courant de tes pires faiblesses que tu devrais être seul à connaître de cette façon. Ils t'ont sacrifié à un symbole, et tu leur donnes le pouvoir de te dominer. Tes maîtres ont été portés par toi sur le pavois, tu les nourris en dépit — ou à cause — du fait qu'ils ont laissé tomber le masque. Ils t'ont dit le mille manières : « Tu es un être inférieure sans responsabilité, et tu le demeureras. » Et tu les appelles « Sauveurs », « Nouveaux libérateurs » et tu t'égosilles en hurlant « Heil, Heil » et « Viva, viva ! ».

C'est pourquoi j'ai peur de toi, petit homme, une peur mortelle ! Car c'est de toi que dépend le sort de l'humanité. Et j'ai peur parce que tu ne fuis rien autant que toi-même. Tu es malade, petit homme, très malade ! Ce n'est pas ta faute. Mais il ne tient qu'à toi de te débarrasser de ton mal. Tu te serais débarrassé depuis longtemps de tes oppresseurs si tu n'avais toléré et parfois soutenu activement l'oppression. Aucune force de police au monde ne serait assez puissante pour te supprimer s'il y avait, dans ta vie quotidienne, seulement

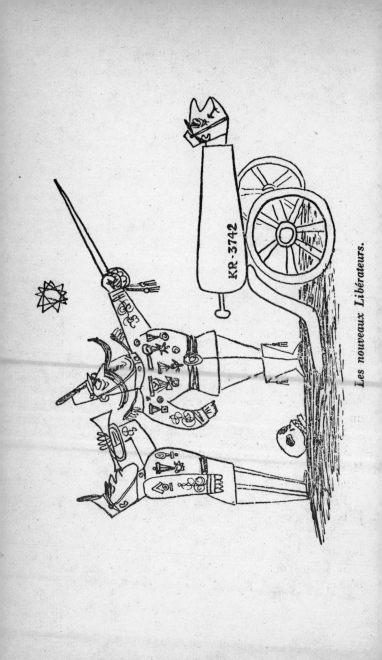

Les nouveaux Libérateurs.

une étincelle de respect de toi-même, si tu avais la conviction intime que sans toi, la vie ne continuerait pas un seul jour. Est-ce que ton « libérateur » te l'a dit ? Non ! Il t'a appelé le « prolétaire du monde » mais il ne t'a pas dit que tu étais seul *responsable* de *ta* vie (et non de « l'honneur de la patrie »).

Il faut que tu comprennes que tu as fait de tes petits hommes tes oppresseurs, que tu as martyrisé les grands hommes authentiques ; que tu les as crucifiés, assassinés et laissé mourir de faim ; que tu n'as pas accordé une seule pensée à leur personne et à la peine qu'ils se sont donnée pour toi ; que tu n'as pas la moindre idée à qui tu dois les réalisations de ta vie.

Tu répliques : « Avant de te faire confiance, je voudrais connaître ta philosophie de la vie ! »

Or, si je t'exposais ma philosophie de la vie, tu te précipiterais chez le procureur général, tu alerterais la « Commission des activités anti-américaines », le F. B. I., le Guépéou, la « Yellow Press », le « Ku-Klux-Klan », les « leaders des Prolétaires du Monde »... ou bien alors, tu prendrais simplement le large...

Je ne suis ni rouge, ni noir, ni blanc, ni jaune.

Je ne suis ni Chrétien, ni Juif, ni Mahométan, ni Mormon, ni polygame, ni homosexuel, ni anarchiste, ni boxeur.

J'embrasse ma femme parce que je l'aime et que je la désire, et non parce que je suis l'heureux propriétaire d'un certificat de mariage ou parce que je souffre de frustration sexuelle.

Je ne frappe pas les enfants, je ne vais pas à la pêche, je ne tue pas les chevreuils ou les lapins.

Mais je suis un tireur d'élite et j'ai l'habitude de faire mouche.

Je ne joue pas au bridge et je ne donne pas de réceptions pour répandre mes théories. Si ma doctrine est juste, elle se répandra toute seule.

Je ne soumets pas mes œuvres à quelque médecin d'un service d'État, à moins qu'il connaisse mieux la matière que moi. Et je décide *seul* qui a bien compris mes découvertes et ses prolongements.

Je respecte toutes les lois raisonnables, mais je combats les lois dépassées ou déraisonnables (ne te précipite pas chez le procureur général, petit homme, car il fait la même chose s'il est honnête).

Je voudrais que les enfants et les adolescents puissent connaître le bonheur et l'amour physique et en jouir sans le moindre danger.

Je ne pense pas qu'être religieux au sens fort et authentique du terme implique la destruction de la vie sexuelle et le rétrécissement et la paralysie du corps et de l'âme.

Je sais que ce que tu appelles « Dieu » existe réellement, mais sous une forme ne correspondant pas exactement à tes conceptions : comme énergie cosmique primaire dans l'univers, comme amour dans ton corps, comme honnêteté et sens de la nature en toi et autour de toi.

Je mettrais à la porte qui que ce soit qui, sous un prétexte fallacieux, s'introduirait chez moi en vue d'entraver mes recherches médicales ou pédagogiques sur les adultes et les enfants. Je lui poserais, devant n'importe quel tribunal, quelques questions très claires et très simples auxquelles il ne pourrait répondre sans perdre la face pour toujours. Car je suis un travailleur qui connaît les rouages internes de l'homme, qui sait ce qu'il vaut vraiment et qui désire que le *travail* gouverne le monde et non l'opinion que quelqu'un puisse avoir à propos du travail. J'ai une opinion personnelle, je sais distinguer entre le mensonge et la vérité dont je me sers tous les jours en guise d'arme, et que je nettoie après chaque usage.

J'ai très peur de toi, petit homme. Il n'en a pas toujours été ainsi. Car j'ai été moi-même un petit homme, parmi des millions d'autres petits hommes. Puis, je suis devenu un savant et un psychiatre, et je me suis rendu compte combien tu es malade et combien ta maladie te rend dangereux. J'ai appris que c'est ta maladie émotionnelle et non une puissance externe qui t'opprime à toute heure de la journée, même si aucune pression extérieure ne s'exerce contre toi. Tu te serais depuis longtemps débarrassé des tyrans si tu étais toi-même animé d'une vie interne en bonne santé. Tes oppresseurs se recrutent dans tes *propres rangs*, alors qu'ils provenaient naguère des couches supérieures de la société. Ils sont même plus petits que toi, petit homme. Car il faut une bonne dose de bassesse pour connaître d'expérience ta misère et pour s'en servir ensuite pour *mieux t'exploiter et mieux t'opprimer*.

Tu n'as pas en toi ce qu'il faut pour te permettre de reconnaître l'homme vraiment grand. Tu ignores tout de sa manière d'être, de ses souffrances, de ses aspirations, de son combat pour toi. Tu ne comprends pas qu'il puisse y avoir des hommes et des femmes qui ne songent pas à t'opprimer et à t'exploiter, qui désirent sincèrement que tu sois libre, authentique, honnête. Tu n'aimes pas ces hommes et ces femmes, car ils sont étrangers à ton être. Ils sont simples et francs ; la vérité est pour eux ce que la routine est pour toi. Ils te transpercent du regard, non pas pour se moquer de toi, mais parce que le sort des humains les afflige; mais toi, tu te sens percé à jour, et tu flaires du danger. Tu ne les acclames que quand d'autres petits hommes te disent que ces grands hommes sont grands. Tu as peur des grands hommes, de leur intimité avec la vie, de leur amour de la vie. Le grand homme t'aime simplement, en ta qualité d'*animal vivant*, d'*être vivant*. C'est son plus cher désir de ne plus te voir souffrir comme tu as souffert pendant des millénaires, de ne plus t'entendre radoter comme tu as radoté pendant des millénaires. Il veut que tu cesses d'être une bête de somme, parce qu'il aime la vie et qu'il aimerait voir la fin de tes souffrances et de ton ignominie.

Tu pousses les hommes vraiment grands à te mépriser, quand profondément meurtris par toi et ta mesquinerie, ils se retirent, t'évitent et — ce qui est pire — commencent à *te plaindre*. Si, petit homme, tu étais par hasard psychiatre, mettons Lombroso, tu ferais de tous les grands hommes des sortes de criminels ou des quasi-criminels ayant mal tourné, ou des psychopathes. Car le grand homme se distingue en ceci de toi qu'il ne considère pas comme le but suprême de la vie d'amasser de l'argent, de marier ses filles à des hommes d'un haut rang social, de faire carrière dans la politique ou d'obtenir des titres universitaires. Parce qu'i*l*

Le bavardage de tes réunions mondaines.

n'est pas comme toi, tu le qualifies de « génie »
ou de « détraqué ». Lui, pour sa part, est tout disposé à admettre qu'il n'est pas un génie mais simplement un être vivant. Tu le dis « peu sociable »
parce qu'il préfère ses études, ses méditations et
son travail de laboratoire au bavardage de tes
réunions mondaines. Tu le traites de « fou » parce
qu'il dépense son argent en recherches scientifiques
au lieu d'acheter comme toi des obligations et
des actions. Tu te permets, petit homme, aveuglé
par ta dégénérescence incommensurable, d'appeler
« anormal » un homme franc et simple, parce que
tu te prends pour le prototype de l'homme normal,
pour l' « *homo normalis* ». Tu lui appliques les cri-
tères de tes misérables « normes » et tu conclus
qu'il en dévie. Tu ne te rends pas compte, petit
homme, que c'est toi qui le chasses, lui qui est
plein d'amour et de serviabilité, de toutes les réunions, que ce soit au café ou dans un palais, parce
que tu y rends l'atmosphère irrespirable. Qui a
fait de lui ce qu'il semble être après des décennies
de souffrances indicibles ? *Toi*, ta légèreté, ton
étroitesse d'esprit, tes faux raisonnements, tes
« axiomes inébranlables » qui ne résistent pas à dix
années d'évolution sociale. Songe seulement aux
choses que tu as crues correctes pendant ces quelques
années, entre la première et la deuxième guerre
mondiale. Franchement, combien, après les avoir
reconnues pour fausses, en as-tu rétractées ? Aucune, absolument aucune, petit homme ! Les hommes
vraiment grands formulent leurs pensées avec
prudence, mais quand ils ont appréhendé une
grande idée, ils l'exploitent en visant loin. Toi,

Tu préfères écouter l'avis de ton voisin,
ou te demander si ton honnêteté va te coûter de l'argent.

petit homme, tu traites le grand homme en paria quand sa pensée est *juste* et de *longue haleine* alors que la tienne est mesquine et éphémère. En le traitant en paria, tu le relègues dans la solitude. Non pas dans la solitude féconde d'où naissent les grandes réalisations, mais dans la solitude de l'homme qui craint d'être mal compris et maltraité par toi. Car c'est toi le « peuple », l' « opinion publique», la « conscience sociale ». Est-ce que tu as jamais songé, petit homme, à l'immense responsabilité que tu assumes en agissant ainsi? Honnêtement? Est-ce que tu t'es jamais demandé si ton raisonnement tient debout, s'il résiste à une étude sérieuse, fondée sur des faits sociaux permanents, sur la nature, les grandes réalisations humaines, s'il correspond à la vision d'un homme comme Jésus? Non, tu ne t'es jamais posé la question de savoir si tes idées sont vraiment fondées. Tu as préféré écouter l'avis de ton voisin, ou te demander si ton honnêteté allait te coûter de l'argent. Voilà, petit homme, le genre de questions que tu t'es posées.

Après avoir relégué le grand homme dans la solitude, tu as oublié le mal que tu lui as fait. Tu as continué à débiter des sottises, à commettre de petites vilenies, à lui assener des coups. Tu as tout oublié. Mais c'est le propre du grand homme de ne pas oublier : il ne songe pas à se venger, mais il tente D'EXPLORER LES CAUSES DE TA BASSESSE. Je sais que cette manière de faire dépasse également ton entendement. Mais crois-moi : si tu fais souffrir cent, mille, un million de fois, si tu infliges des blessures inguérissables — même si l'instant d'après tu n'y songes plus — le grand homme souffre à ta

36

Dans le secret de ton âme, tu te méprises,
même quand tu te drapes dans ta dignité.

place, non parce que tes méfaits sont grands mais parce qu'ils sont mesquins. Il aimerait savoir ce qui te pousse à faire certaines choses ; à salir un conjoint qui t'a déçu, à tourmenter un enfant qui déplaît à un méchant voisin, *à railler ou à exploiter une personne aimable, à prendre où l'on donne, à donner où l'on exige, mais à ne jamais donner là où l'on te donne avec amour ; à donner le coup de pied de l'âne à l'homme qui tombe ou qui est sur le point de tomber ;* à mentir quand il faudrait dire la vérité, à persécuter toujours la vérité et non le mensonge. Tu es toujours du côté des persécuteurs, petit homme !

Le grand homme devrait, s'il avait l'intention de gagner ton amitié inutile, descendre à ton niveau, parler comme tu parles, se parer de tes vertus. Mais s'il avait tes vertus, ton langage et ton amitié, il cesserait d'être grand et simple. La preuve ? Les personnes qui parlent comme tu voudrais qu'elles parlent n'ont jamais été vraiment grandes.

Tu ne crois pas que *ton* ami soit capable d'une grande performance. Dans le secret de ton âme, tu te méprises, même — et surtout — quand tu te drapes dans ta dignité ; et comme tu te méprises tu es incapable de respecter ton ami. Tu ne peux pas croire que quelqu'un qui s'est assis à la même table que toi, qui a habité la même maison, soit capable d'accomplir de grandes choses. Tous les grands hommes se retrouvent donc seuls. Près de toi, petit homme, il n'est pas facile de penser. Il est possible de réfléchir *sur toi*, mais non de réfléchir *avec toi*. Car tu étrangles toute pensée vraiment novatrice. Comme mère tu dis à ton fils qui explore le monde : « Ce n'est pas pour les enfants ! » Comme

Les « *germes aériens* ».

professeur de biologie, tu dis : « Les étudiants sérieux ne se préoccupent pas de telles choses ! Douter des germes aériens ? » Comme maître d'école tu dis : « Les enfants doivent se tenir tranquilles, ils n'ont pas d'avis à donner ! » Comme épouse tu dis : « Une découverte ? Tu as fait une découverte ? Pourquoi ne vas-tu pas gagner ta vie honnêtement dans un bureau, comme les autres ? » Mais tu crois ce qui est marqué dans les journaux, que tu le comprennes ou non !

Je vais te dire quelque chose, petit homme : tu as perdu le sens de ce qu'il y a de meilleur en toi. Tu l'as étranglé. Tu l'assassines partout où tu le trouves dans les autres, dans tes enfants, dans ta femme, dans ton mari, dans ton père et dans ta mère. Tu es petit et tu veux rester petit.

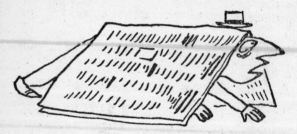

Tu crois ce qui est marqué dans les journaux,
que tu le comprennes ou non !

Tu veux savoir pourquoi je sais tout cela ? Je vais te le dire.

J'ai appris à te connaître par l'expérience, j'ai vécu avec toi, j'ai compris en toi qui j'étais : comme médecin, je t'ai libéré de ta mesquinerie ; comme éducateur, je t'ai enseigné la droiture et la fran-

Tu as peur de persévérer, tu as peur de la hauteur et de la profondeur.

chise. Je sais combien la droiture te répugne, je connais la terreur qui te frappe quand on te demande de suivre ta vraie et authentique nature.

Mais tu n'es pas *exclusivement* petit, petit homme ! Je sais que tu connais de « grands moments », des moments d'« extase », d'« élévation, d'« ascension ». Mais tu n'as pas l'énergie de t'élever sans arrêt, de monter toujours plus haut. Tu as peur de persévérer, tu as peur de la hauteur et de la profondeur. Nietzsche t'a dit tout cela bien mieux que moi, il y a longtemps. Mais il n'a pas dit *pourquoi* tu es ainsi fait. Il a essayé de faire de toi un « surhomme », un « Uebermensch » capable de surmonter ce qu'il y a d'humain en toi. Ce surhomme est devenu ton « Führer Hitler » ; quant à toi, tu es resté le « sous-homme », l'« Untermensch ».

Je voudrais que tu cesses d'être un Untermensch et que tu deviennes toi-même. Que tu ne t'identifies plus au journal que tu lis, aux opinions de ton méchant voisin. Je sais que tu ignores ce que tu es et comment tu es au plus profond de ton être. Au plus profond de ton être, tu es le chevreuil, ou ton dieu, ou ton poète, ou ton sage. Tu crois que tu es un membre de l'Association des Anciens Combattants, d'un club de bowling, du Ku-Klux Klan. Et comme tu le crois, tu agis en conséquence. Cela, d'autres te l'ont dit avant moi : Heinrich Mann, en Allemagne, il y a vingt-cinq ans ; en Amérique Upton Sinclair, Dos Passos et bien d'autres. Mais tu ne connais ni Mann ni Sinclair. Tu ne connais que le champion de boxe et Al Capone. Si on te place devant le choix d'aller dans une bibliothèque ou d'assister à une rixe, tu choisiras infailliblement la rixe.

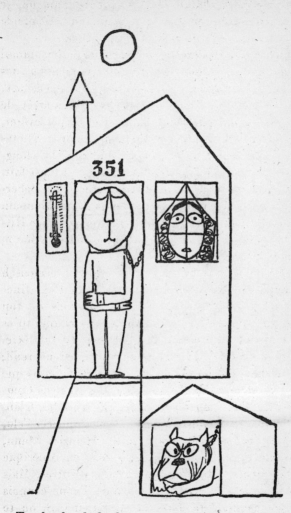

Tu cherches le bonheur, mais tu préfères la sécurité.

Tu cherches le bonheur, mais tu préfères ta sécurité, même au prix de ta colonne vertébrale, même au prix de ta vie. Comme tu n'as jamais appris à créer le bonheur, à en jouir et à le conserver, tu ignores le courage de l'homme droit. Tu écoutes à la radio les slogans publicitaires sur des laxatifs, des dentifrices, des déodorants. Mais tu n'entends pas la musique de la propagande. Tu ne te rends pas compte de la stupidité incommensurable et du goût détestable de ces choses destinées à capter *ton* attention. As-tu jamais prêté l'oreille aux plaisanteries que l'animateur d'un club de nuit fait sur ton compte, sur lui-même, sur le monde rétréci et misérable ? Écoute la publicité sur un laxatif et tu sauras qui tu es et comment tu es.

On fait des plaisanteries sur toi
et tu ris à gorge déployée avec les autres.

Écoute, petit homme ! La misère de l'existence humaine s'éclaire à la lumière de chacun de tes *petits méfaits*. Chacun de tes petits faits repousse plus loin l'espoir d'une amélioration de ton sort.

C'est là un sujet de tristesse, petit homme, de profonde tristesse! Pour ne pas sentir cette tristesse, tu fais de petites plaisanteries minables et tu les appelles l'« humour du peuple ».

On fait les mêmes plaisanteries sur toi et tu ris à gorge déployée avec les autres. Tu ne ris pas pour te moquer de toi. Tu te moques du petit homme sans même savoir que c'est *de toi que tu te moques*. Des millions de petits hommes ne savent pas qu'on se moque d'eux. Pourquoi se moque-t-on de toi, petit homme, depuis des siècles, pourquoi se rit-on si ouvertement, si joyeusement de toi? As-tu remarqué que les cinéastes s'appliquent toujours à couvrir de ridicule « le peuple » ? Je vais te dire pourquoi on se moque de toi, *parce que je te prends, moi, vraiment au sérieux* :

Avec une grande précision, ta pensée passe toujours à côté de la vérité comme un tireur facétieux manque toujours d'un cheveu le centre de la cible. Tu n'es pas de cet avis? Je vais te le prouver. Depuis longtemps, tu serais le maître de ta destinée si seulement ta pensée allait *dans la direction* de la vérité. Mais ton raisonnement ressemble à celui-ci :

« C'est la faute des Juifs! » « Qu'est-ce qu'un Juif? », te demandé-je. « Des gens ayant du sang juif », me réponds-tu. « Quelle est la différence entre le sang juif et le sang d'une autre personne ? » La question te rend perplexe. Tu hésites, tu grommelles quelque chose, tu te troubles : « Je veux parler de la race juive. » « Qu'est-ce qu'une race ? » « Une race? Mais c'est fort simple : il y a une race allemande et il y a une race juive. » « Et à quoi reconnaît-on la race juive ? » « Eh bien, les Juifs ont les cheveux noirs, un nez crochu, des yeux perçants. Ils sont avares et capitalistes. » « Tu as déjà vu un Français méridional ou un Italien ? Peux-tu les distinguer d'un Juif ? » « Pas très bien ! » « Eh bien, dis-moi ce que c'est qu'un Juif ! Sa formule sanguine est la même que la tienne. Extérieurement, il ne se distingue guère d'un Italien ou d'un Français. Et les Juifs allemands ? » « Ils ressemblent aux autres Allemands. » « Qu'est-ce qu'un Allemand ? » « L'Allemand appartient à la race nordique aryenne. » « Est-ce que les Indiens sont des aryens ? » « Sans aucun doute ! » « Font-ils partie de la race nordique ? » « Non. » « Sont-ils blonds ? » « Non. » « Tu vois bien, tu ne sais définir ni un Juif ni un Allemand. » « Mais les Juifs, ça existe ! » « Certainement. Il y a des Juifs comme il y a des Chrétiens ou des Mahométans. » « Je parle de la religion juive. » « Est-ce que Roosevelt était hollandais ? » « Non. » « Pourquoi appelles-tu un descendant de David un Juif alors que tu dis que Roosevelt n'était pas hollandais ? » « Avec les Juifs, c'est très différent ! » « Qu'est-ce qui est différent ? » « Je ne sais pas. »

Ainsi, tu radotes, petit homme. Par ton radotage, tu mets sur pied des unités armées qui exterminent dix millions de Juifs alors que tu ne sais même pas ce que c'est qu'un « Juif ». Voilà pourquoi on se moque de toi, voilà pourquoi on t'évite quand on a un travail sérieux à accomplir, voilà pourquoi tu ne sors pas du bourbier. Quand tu parles du « Juif » tu te sens un être « supérieur ». Et tu recours à ce subterfuge parce qu'en réalité tu te sens minable. Et tu te sens si minable, parce que tu es toi-

46

Il a fallu des millions d'années
pour que la méduse se transforme en bipède terrestre.

même ce que tu tues dans le prétendu « Juif ». Voilà une petite parcelle de la vérité sur toi, petit homme !

Tu sens moins ta misère quand tu prononces le mot « Juif » sur un ton d'arrogance ou de mépris. Cela, je viens de le découvrir. Tu qualifies de « Juif » tout personnage qui t'inspire trop peu ou trop de respect. Tu décides souverainement qui est « Juif ». Eh bien, c'est là un droit que je ne te concède pas, que tu sois un petit Aryen ou un petit Juif. Je suis le seul au monde qui aie le droit de me définir, de dire *qui* je suis. Je suis un métis biologique et culturel, je suis fier d'être le produit intellectuel et physique de *toutes* les classes, races et nations, de ne pas appartenir, comme toi, à une « race pure », de ne pas être un chauvin comme toi, de ne pas être le petit fasciste de toutes les nations, races et classes. J'ai appris que tu as refusé l'entrée de la Palestine à un technicien juif parce qu'il n'était pas circoncis. Je méprise les fascistes juifs et je n'ai pas de préférence pour leur langage, leur idolâtrie, leur culture. Je crois en leur Dieu comme je crois en celui des Chrétiens, mais je comprends d'où tu prends *ton Dieu*. Je ne crois pas que la race juive soit la seule race élue. Je n'ai aucun mépris pour toi et je ne te voue aucune haine, mais je n'ai rien non plus de commun avec toi. Pourquoi, petit juif, retournes-tu à Sem et non au protoplasme ? Pour moi, la vie commence dans la contraction du plasma et non dans le bureau d'un rabbin.

Il a fallu des millions d'années pour que la méduse se transforme en un bipède terrestre. Ta dégénérescence biologique, sous forme de rigidité, ne dure que depuis six mille ans. Il faudra attendre cent ou

Ta dégénérescence biologique, sous forme de rigidité, ne dure que depuis six mille ans.

cinq cents ou peut-être cinq mille ans pour que tu redécouvres ta propre nature, c'est-à-dire la méduse en toi.

J'ai découvert la méduse en toi et je l'ai décrite en un langage clair. Quand on t'en a parlé pour la première fois, tu m'as qualifié de nouveau génie. Tu te souviens sans doute, c'était en Scandinavie, quand tu cherchais un nouveau Lénine. Mais j'avais des choses plus urgentes à faire et j'ai refusé ce rôle. Tu m'as proclamé nouveau Darwin, nouveau Marx, nouveau Pasteur, nouveau Freud. Je t'avais dit alors que tu serais capable de parler et d'écrire aussi bien que moi si seulement tu t'arrêtais de crier « Salut à toi, Messie ! ». Car les cris de victoire émoussent ton esprit et paralysent tes facultés créatrices.

Est-ce que tu ne persécutes pas la « fille-mère » en la traitant d'être immoral, petit homme ? N'établis-tu pas une distinction rigoureuse entre les enfants nés du mariage, qualifiés de « légitimes » et les autres dits « illégitimes » ? Pauvre de toi ! Dans ton ignorance tu n'es même pas logique avec toi-même !

Tu vénères l'Enfant-Jésus. Or, l'Enfant-Jésus est l'enfant d'une mère qui n'avait pas de certificat de mariage. Sans t'en rendre compte, tu vénères dans l'Enfant-Jésus ta propre nostalgie de la liberté sexuelle, petit homme que ta femme mène par le bout du nez ! Tu as fait d'un enfant illégitime le « Fils de Dieu » et tu ne reconnais pas les enfants illégitimes. Puis, dans la foulée de l'apôtre Paul, tu persécutes les enfants nés d'un vrai amour et tu protèges par tes lois religieuses des enfants de la haine. Tu es un petit homme misérable !

Tes autos et tes trains franchissent des ponts inventés par le grand Galilée. Sais-tu, petit homme, que le grand Galilée avait trois enfants et pas de certificat de mariage ? Cela, tu ne le racontes pas à tes enfants, à l'école. Est-ce que tu n'as pas maltraité Galilée aussi pour cette raison-là !

Sais-tu, petit homme, que ton grand Lénine, Père de tous les prolétaires du monde, a aboli le mariage obligatoire après son accession au pouvoir dans la « Patrie de tous les peuples slaves » ? Sais-tu qu'il a lui-même vécu avec sa femme sans être possesseur d'un certificat de mariage ? N'as-tu pas, petit homme, rétabli par le truchement du Führer de tous les Slaves les anciennes lois imposant le mariage, parce que tu ne savais pas comment réaliser dans ta vie les hauts faits de Lénine ?

De tout cela, tu ne sais rien : quelle importance revêtent à tes yeux la vérité, l'histoire, la lutte pour la liberté ? Et qui es-tu pour avoir une opinion personnelle !

Tu ignores totalement que c'est ta mentalité obscène, ton irresponsabilité sexuelle qui t'ont passé les menottes de tes lois sur le mariage !

Tu as le sentiment d'être misérable, petit, puant, impuissant. rigide, vide, sans vie. Tu n'as pas de femme, et si d'aventure tu en as une, tu ne désires qu'une chose, la « baiser » pour te prouver à toi que tu es un « mâle ». Tu ignores l'amour. Tu es constipé et tu prends des laxatifs. Tu sens mauvais, ta peau est moite ; tu ne sens pas l'enfant dans tes bras et tu le traites comme un chiot qu'on peut frapper à loisir.

Pendant toute ta vie, ton impuissance t'a donné

du fil à retordre. Elle imprègne toutes tes pensées. Elle t'empêche de travailler. Ta femme t'a abandonné parce que tu étais incapable de lui donner de l'amour. Tu souffres de toutes sortes de phobies, de nervosité, de palpitations. Tes pensées pivotent autour de la sexualité. Un homme se présente et te parle de l'économie sexuelle, science faite pour te comprendre et t'aider. Elle voudrait que tu vives ta sexualité *la nuit* pour ne pas en être obsédé *le jour* et pour te permettre d'accomplir ta tâche. Elle voudrait que ta femme soit heureuse dans tes bras et non désespérée. Elle voudrait que tes enfants soient roses et non pâles, aimants et non cruels. Mais quand on te parle de la sexualité, tu t'écries : « Le sexe n'est pas tout dans la vie. Il y a dans la vie des choses bien plus importantes ! » Voilà comment tu réagis, petit homme !

Ou bien tu es un « marxiste », un « révolutionnaire professionnel », un « Führer » en herbe des prolétaires de ce monde. Tu prétends libérer le monde de ses souffrances. Les masses déçues se détournent de toi, tu leur cours après en hurlant : « Arrêtez, arrêtez, masses laborieuses ! Vous ne voyez pas encore que je suis votre libérateur. A bas le capitalisme ! » Quand je parle, moi, à tes « masses », petit révolutionnaire, je leur montre la misère de leurs petites existences. Elles tendent l'oreille, emportées par l'enthousiasme et l'espérance. Elles se ruent dans tes organisations avec l'espoir de *m'y rencontrer*. Et toi, qu'es-ce que *tu* fais ? Tu dis : « La sexualité est une invention de petits bourgeois. Ce qui compte, c'est le facteur économique ! » Et tu lis le livre de Van de Velde sur les techniques de l'amour.

Lorsqu'un grand homme a entrepris de donner une base scientifique à ton émancipation économique, tu l'as laissé mourir de faim. Tu as stoppé la première attaque de la vérité contre tes entorses aux lois de la vie. Après le succès de cette première attaque, tu t'es chargé de son administration et tu l'as tuée une seconde fois. La première fois, le grand homme a dissous ton organisation. La deuxième fois, il était mort et ne pouvait plus rien faire. Tu n'as pas compris qu'il avait trouvé dans *ton travail* la puissance de la vie qui crée des valeurs. Tu n'as pas compris que sa sociologie tendait à protéger ta *société* contre ton *État. Tu n'as rien compris du tout!*

Tes « facteurs économiques » ne mènent nulle part. Un grand sage s'est tué à la tâche pour te prouver que tu dois améliorer tes conditions économiques si tu veux jouir de la vie ; que des individus affamés sont incapables de promouvoir la culture ; que toutes les conditions d'existence sans exception en font partie ; que tu dois te libérer, toi-même et ta société, de *toutes* les tyrannies. Cet homme vraiment grand a commis une seule erreur dans son effort de t'éclairer : il a cru que tu était capable d'émancipation, que tu étais capable de protéger ta liberté après l'avoir conquise. Et il a commis une autre erreur : il voulait faire de toi, prolétaire, un « dictateur ».

Et qu'as-tu fait, petit homme, du trésor de connaissances que ce grand homme t'a transmis ? Tu n'as retenu qu'*un seul* mot : « *dictature* » ! De tout l'héritage d'un esprit immense et d'un cœur généreux, tu n'as retenu qu'un seul mot : « dictature ». Tu as jeté par-dessus bord tout le reste, la liberté,

Général prolétaire.

la clarté, la vérité, la solution du problème de l'esclavage économique, la méthode permettant des progrès intellectuels, tout cela, tu l'as jeté par-dessus bord! Un seul mot mal choisi — encore qu'il contînt une idée judicieuse — s'est niché dans ton esprit, le mot « *dictature* »!

C'est à partir d'une erreur vénielle d'un grand homme que tu as construit un système gigantesque de mensonges, de persécutions, de tortures, de geôles, de bourreaux, de police secrète, d'espionnage, de délation, d'uniformes, de médailles et de feld-maréchaux — tout le reste a été jeté par-dessus bord. Est-ce que tu comprends un peu mieux maintenant ta vraie nature, petit homme ? Pas encore. Eh bien, continuons ! Tu as confondu les « conditions économiques » de la joie de vivre et d'aimer avec une « machinerie », la libération des êtres humains avec la grandeur de l'État ; le désir de sacrifice avec la « discipline » stupide du parti ; la montée des masses avec une parade militaire ; l'émancipation de l'amour avec le viol de chaque femme que tu as trouvée en occupant l'Allemagne ; l'élimination de la pauvreté avec l'extermination des pauvres, des faibles, des êtres désarmés ; l'éducation avec la « pépinière de patriotes » ; le contrôle des naissances avec des médailles pour « les mères ayant mis au monde dix enfants ». Est-ce que tu n'as pas souffert toi-même à l'idée d'être une mère de dix enfants ?

Dans d'autres pays aussi, ce malheureux petit mot de « dictature » a fait fortune. Là, tu l'as revêtu d'uniformes rutilants et tu as suscité parmi les tiens le petit « fonctionnaire » impuissant, mystique, sadique qui t'a conduit au sein du Troisième Reich,

Tu dévores ton bonheur.

causant la mort de 60 millions d'individus de ton espèce. Mais cela ne t'a pas empêché de hurler « heil, heil, heil! ».

Voilà comment tu es, petit homme. Et personne n'ose te le dire. Car tout le monde a peur de toi et voudrait que tu restes *petit*, petit homme.

Tu dévores ton bonheur! Tu n'as jamais connu le bonheur en toute liberté. C'est pourquoi tu dévores goulûment ton bonheur sans prendre soin de le sauvegarder. On t'empêche d'apprendre comment on préserve son bonheur, comment on le soigne, comme le jardinier soigne les fleurs, le paysan la moisson. Les grands chercheurs, les grands poètes, les grands sages t'ont fui, parce qu'ils tenaient à conserver leur bonheur. Près de toi, petit homme, il est facile de dévorer son bonheur mais difficile de le préserver.

Tu ne sais pas ce que je veux dire, petit homme ? Je vais te l'expliquer : le chercheur travaille durement, sans relâche, pendant dix, vingt, trente années, penché sur sa science, sa machine, son idée sociale. Il porte tout seul le fardeau pesant de la nouveauté. Il souffre de tes sottises, de tes petites idées et de la médiocrité de tes idéaux, il doit s'en pénétrer, les analyser pour les remplacer à la fin par ses réalisations. Dans ce domaine, tu ne lui es d'aucun secours. Bien au contraire. Tu ne dis pas : « Je vois, cher ami, ton dur labeur. Et je sais que ton travail a pour objet *ma* machine, *mon* enfant, *ma* femme, *mon* ami, *ma* maison, *mes* champs, en vue de les rendre meilleurs. Pendant des années, j'ai souffert de telle ou de telle insuffisance, j'étais incapable d'y remédier. Puis-je t'aider à m'aider ? »

Non, petit homme, tu ne voles jamais au secours de ton sauveur. Tu joues aux cartes, tu hurles à un match de boxe professionnelle, ou bien tu accomplis ta morne tâche dans un bureau ou au fond d'une mine. Mais tu ne viens jamais prêter main-forte à ton sauveur. Sais-tu pourquoi? D'abord parce que le chercheur n'a rien d'autre à offrir que des *idées*. Pas de bénéfices, pas d'augmentations de salaire, pas de convention salariale, pas de prime de fin d'année, pas de vie confortable. Tout ce qu'il sait donner, c'est des soucis, or, tu ne te soucies pas de soucis, tu as assez de soucis!

Si tu te tenais simplement à l'écart en refusant de prêter main-forte au chercheur, celui-ci s'en consolerait. Après tout, ce n'est pas « pour » toi qu'il réfléchit, qu'il se fait du mauvais sang, qu'il fait des découvertes. S'il fait tout cela c'est parce que ses fonctions vitales l'y poussent. Il laisse aux leaders politiques et aux hommes d'Église le soin de s'occuper de toi et de te plaindre. Son seul souci est de te rendre capable *de te tirer d'affaire toi-même*.

Mais tu ne te bornes pas à une attitude passive ; tu le molestes et tu craches. Quand le chercheur a fini par découvrir, après des années de dur labeur, pourquoi tu ne peux rendre heureuse ta femme, tu viens à lui et tu le traites de « sale cochon ». Tu ne te rends pas compte qu'en agissant ainsi, tu tentes de refouler le « cochon » en toi et que c'est là la raison de ton manque d'amour. Si le chercheur vient de tirer au clair pourquoi les hommes meurent en grand nombre du cancer et si, d'aventure, tu es un professeur attaché à un institut anti-cancéreux, bénéficiaire d'un traitement fixe, alors, petit homme, tu accuses le chercheur de charlatanisme ; ou bien tu affirmes qu'il tire trop d'argent de sa découverte ; ou bien tu demandes s'il est par hasard Juif ou étranger ; ou bien tu prétends le mettre sur la sellette pour établir s'il est qualifié pour s'occuper de « ton » problème du cancer que tu es incapable de résoudre ; ou bien encore tu préfères laisser mourir des milliers de cancéreux plutôt que d'admettre que *lui* a trouvé ce dont tu as tant besoin pour sauver la vie de tes malades. Pour toi, ton prestige professionnel, ton compte en banque, tes intérêts dans l'industrie du radium sont plus importants que la vérité et la recherche. Voilà pourquoi tu es petit et misérable, petit homme.

Ainsi, tu ne refuses pas seulement ton concours, mais tu troubles par pure malice un travail qui est accompli *dans ton intérêt* et à ta place. Est-ce que tu saisis pourquoi le bonheur t'échappe ? *Pour posséder le bonheur, il faut travailler, il faut le mériter.* Toi, tu ne songes qu'à dévorer ton bonheur ; c'est pourquoi il t'échappe ; il ne tient pas à être dévoré par toi.

Peu à peu, le chercheur réussit à convaincre d'autres personnes de la valeur pratique de sa découverte : on finit par croire qu'elle remédie à certaines maladies mentales ; qu'elle guérit des ulcères ; qu'elle permet de hisser des objets lourds, de faire sauter des rochers, de pénétrer, par des rayons, la matière impénétrable. Tu ne crois ces choses que quand tu les lis dans les journaux, car tu te méfies de tes propres sens. Tu respectes ceux qui te méprisent, tu te méprises toi-même ; c'est pourquoi tu ne fais pas confiance à tes propres organes de perception. Mais quand une découverte figure dans les journaux, tu arrives au grand galop. Tu qualifies l'inventeur de « génie » après l'avoir traité hier d'imposteur, de cochon sexuel, de charlatan, de danger pour la morale publique. Maintenant, tu le sacres « génie ». Tu ne sais pas définir le « génie ». Je sais, moi, que tu ne sais pas ce que c'est que le « Juif »; pas plus que la « vérité » ou le « bonheur ». Je vais te dire, petit homme, ce que Jack London t'a dit dans son *Martin Eden*. Je sais que tu as lu ce passage des centaines de fois, sans jamais en saisir le sens profond : *le « génie » est la marque de fabrique que tu apposes sur tes produits quand tu les mets en vente.* Si l'inventeur (qui, pas plus tard qu'hier, était encore un « sale cochon » ou un « fou ») est qualifié de « génie » , tu peux plus facilement dévorer le bonheur qu'*il* a fait naître. Car on voit arriver beaucoup de petits hommes de ton espèce crier en chœur avec toi : « Génie, génie! » Ils affluent de tous les côtés pour manger tes produits dans ta main. Si tu es médecin, tu auras beaucoup plus de patients ; tu peux les aider mieux que naguère et gagner beaucoup plus d'argent. « Eh bien, diras-tu, petit homme, il n'y a pas de mal à cela! » Certes, il n'y a pas de mal à gagner honnêtement sa vie en faisant de la bonne ouvrage. Mais il n'est pas normal de ne pas respecter la *découverte*, de ne pas en prendre soin, de ne faire que l'exploiter. Et c'est là précisément ce que tu fais! Tu ne fais rien pour promouvoir la découverte. Tu t'en empares d'un geste mécanique, goulu, stupide. Tu n'en aperçois ni les limites ni les possibilités. Ta plate-forme ne te permet pas d'en embrasser les possibilités ; quant à ses limites, tu ne les perçois pas et tu les surestimes. Si tu es médecin ou bactériologiste, tu sais que la fièvre typhoïde et le choléra sont des maladies microbiennes ; sans doute, tu chercheras les micro-organismes susceptibles de provoquer le cancer, et tu perdras ainsi des décennies en recherches vaines. Un jour, un grand homme t'a montré que les machines obéissent à certaines lois ; tu construis alors des machines pour tuer et tu t'imagines que la vie est également une machine. Cette erreur, tu l'as traînée non à travers trois décennies, mais à travers *trois siècles* ; des concepts erronés se sont inévitablement enracinés dans des milliers d'hommes de sciences ; pis, la vie elle-même a été atteinte ; dès lors — à cause de ta dignité, de ta chaire de professeur, de ta religion, de ton compte en banque ou de ta cuirasse caractérielle — tu as persécuté, calomnié, ou intenté un procès ou d'une manière ou d'une autre traumatisé ceux-là mêmes qui s'étaient lancés sur les traces de la fonction vitale.

Il est vrai que tu tiens à avoir des « génies » et à les honorer. Mais tes génies doivent être de *bons* génies, des génies pondérés et officiels, sans idées démesurées — bref des génies *convenables*, *braves*, *conciliants* — et non des génies fougueux et indomptables qui renversent toutes les barrières, tous les obstacles. Tu rêves de génies bornés, aux ailes rognées, à l'allure civilisée, que tu puisses promener sans rougir en triomphe par les rues de ta ville.

Voilà comment tu es, petit homme ! Tu es capable de ramasser, de dévorer et de puiser, mais tu

Tu rêves de génies bornés, à l'allure civilisée, que tu puisses promener sans rougir
en triomphe par les rues de ta ville.

es incapable de *créer*. C'est pourquoi tu es ce que tu es, c'est pourquoi tu passes ta vie dans un bureau devant une machine à calculer ou devant une planche à dessin, à t'ennuyer à mort, ou affublé d'une camisole de force conjugale, ou à instruire des enfants que tu détestes. Tu es incapable d'évoluer, de concevoir une pensée nouvelle, car tu n'as jamais rien donné, mais fait que prendre ce que d'autres t'ont présenté sur un plateau d'argent.

Tu ne sais pas pourquoi il en est ainsi, pourquoi il ne saurait en être autrement ? Je suis à même de t'en dire la raison, parce que je t'ai vu venir à moi, animal rigide, quand tu m'as confié ton vide intérieur, ton impuissance, tes troubles mentaux. Tu ne sais que ramasser et prendre, tu ne sais ni céder, ni donner, car l'attitude fondamentale de ton corps est celle de la *retenue*, du *refus* et du *dépit*; tu es saisi de panique quand tu sens le mouvement originel de l'AMOUR ou du DON de toi. C'est pourquoi tu as *peur de donner*. Ton geste d'accaparer n'a qu'une seule signification fondamentale : tu es forcé de te gorger de nourriture, d'argent, de bonheur, de connaissances, car tu te sens vide, affamé, malheureux, sans connaissances authentiques et sans le vrai désir de savoir. C'est pourquoi tu prends la fuite devant la vérité, petit homme. Car tu as peur qu'elle ne déclenche en toi un réflexe d'amour. Elle te montrerait inévitablement ce que je suis en train de te démontrer. C'est cela que tu veux éviter, petit homme. Tu ne désires être qu'un consommateur et un patriote.

« Écoutez-moi ça ! Le voilà qui attaque le patriotisme, rempart de l'État et de sa cellule de base, la famille! Il faut faire quelque chose pour y mettre un terme!»

Voilà ce que tu hurles quand quelqu'un te fait la démonstration de ta constipation psychique. Tu ne veux pas écouter, tu ne veux pas savoir. Tu veux crier « hourra »! Fort bien, mais pourquoi ne me permets-tu pas de t'expliquer calmement pourquoi tu es incapable d'être heureux? Je vois la peur qui vacille dans tes yeux. Cette question semble te préoccuper. Tu te dis partisan de la « tolérance religieuse ». Tu réclames pour toi la liberté d'adhérer à ta religion. Parfait. Mais tu vas plus loin : tu voudrais que *ta* religion soit la seule admise. Tu es tolérant pour ta propre religion, tu n'es pas tolérant pour les autres. Tu deviens fou furieux quand quelqu'un, au lieu d'adorer un Dieu personnel, adore la nature et s'efforce de la comprendre. Tu veux qu'un conjoint poursuive l'autre en justice, l'accuse d'immoralité et de brutalité, s'il ne veut plus vivre avec lui. Tu ne reconnais pas le divorce par consentement mutuel, petit descendant de grands révolutionnaires! Car ta propre obscénité t'effraie. Tu voudrais qu'on te présente la vérité dans un miroir où tu ne puisses t'en saisir. Ton chauvinisme est une conséquence de la rigidité de ton corps, de ta constipation psychique, petit homme. Je ne dis pas cela pour te tourner en dérision, mais parce que je suis ton ami. Même si tu tues tes amis quand ils te disent la vérité. Regarde un peu tes patriotes! Ils n'avancent pas, ils marchent au pas. Ils ne détestent pas l'ennemi ; mais ils ont des « ennemis héréditaires » qu'ils remplacent tous les dix ou

douze ans par d'autres ; ils en font leurs « amis héréditaires » et puis, après un certain temps, de nouveau
leurs « ennemis héréditaires ». Ils ne chantent pas des
chansons mais des hymnes de guerre. Ils n'étrei-
gnent pas leurs femmes, il les « baisent » tant de fois
par nuit. Tu ne peux rien faire contre ma vérité,
petit homme ! Tout ce que tu peux faire c'est de me
tuer, comme tu as tué tes autres amis, Jésus, Rathenau, Karl Liebknecht, Lincoln et j'en passe. Tu
peux me « descendre », comme on dit vulgairement.
Mais à la fin, c'est toujours toi-même qui « descends ».
Et cela ne t'empêche pas d'être un « patriote ».

Tu voles le bonheur comme un cambrioleur, la nuit.

Tu aspires à l'amour, tu aimes ton travail, tu en
tires ta subsistance ; ton travail se fonde sur mon
savoir et sur celui d'autres hommes. L'amour, le
travail, la connaissance n'ont pas de patrie, pas
de tarifs douaniers, pas d'uniformes. Ils sont inter-
nationaux, universels, et tout le monde les comprend.
Mais tu préfères rester un petit patriote, car tu as
peur d'aimer, d'assumer tes responsabilités, et tu

65

as une peur bleue de connaître. C'est pourquoi tu
ne fais qu'exploiter l'amour, le travail et les connaissances des autres : tu es incapable de tout
effort créateur personnel. Tu voles le bonheur comme
un cambrioleur, la nuit ; tu ne peux voir sans ja-
lousie le bonheur des autres.

« Arrêtez le voleur ! C'est un étranger, un immigré.
Moi, je suis Allemand, Américain, Danois, Nor-
végien ! »

Tu hurles parce que tu as peur.

Halte-là, petit homme ! Tu es, tu demeureras
éternellement un immigré et un émigré. Tu es venu
en ce monde par accident, et tu le quitteras sans
crier gare. Tu hurles parce que tu as peur. Tu sens
ton corps qui se raidit, qui se dessèche. Voilà pourquoi tu as peur et appelles la police. Mais ta police
n'a aucune prise sur ma vérité. Même ton policier
vient à moi, se plaindre de sa femme et de ses
enfants malades. Quand il endosse son uniforme,

66

c'est pour cacher l'homme qui est en lui ; mais de moi, il ne peut se cacher ; je l'ai vu nu, lui aussi.

« Est-ce qu'il s'est présenté à la Police ? Est-ce que ses papiers sont en règle ? Est-ce qu'il a payé ses impôts. Faites une enquête. Il faut protéger l'État et l'honneur national ! »

Oui, petit homme. J'ai fait ma déclaration à la police, mes papiers sont en règle, j'ai toujours payé mes impôts ! Ce qui te chagrine, ce n'est pas le souci de l'État ou de l'honneur de la nation. Tu trembles de peur que je ne puisse révéler ta vraie nature, telle que je l'ai vue dans mon cabinet médical. C'est pourquoi tu essaies de m'imputer à tort quelque crime politique pour me faire mettre en prison pour des années. Je te connais, petit homme. Si tu es par hasard un représentant du Ministère Public, c'est ton dernier souci de protéger la loi ou le citoyen ; ce que tu cherches c'est un « cas » te permettant de prendre de l'avancement. Voilà à quoi rêve un petit procureur de la République ! Avec Socrate, ils ont fait la même chose. Mais toi, tu ne sais pas profiter des leçons de l'histoire : tu as assassiné Socrate ; et c'est pourquoi tu n'es jamais sorti du bourbier. Oui, tu as assassiné Socrate et tu ne le sais même pas. Tu l'as accusé de saper la moralité publique. Il continue de la saper, petit homme. Tu as tué son corps, mais tu ne peux tuer son esprit. Tu continues d'assassiner pour maintenir l'« ordre », mais ta manière d'assassiner est lâche et perfide. Tu n'oses me regarder dans les yeux quand tu m'accuses en public d'immoralité. Car tu sais fort bien qui de nous deux est immoral, pervers, obscène. Quelqu'un a dit

67

un jour que parmi ses nombreuses connaissances un seul homme n'a jamais fait une plaisanterie scabreuse, et cet homme c'était *moi*. Tu as beau être un représentant du Ministère Public, un juge ou un chef de la police, petit homme, je connais tes petites gauloiseries et je sais d'où tu les tires. Aussi ferais-tu mieux de te taire! Tu réussiras peut-être à prouver que je dois cent dollars à mon percepteur, que j'ai traversé la frontière d'un État des U.S.A. en compagnie d'une femme, que j'ai parlé gentiment à un enfant dans la rue. Dans *ta* bouche, chacune de ces accusations prend un accent particulier, l'accent de la bassesse la plus obscène et la plus équivoque. Et comme c'est tout ce que tu sais, tu t'imagines que je suis comme toi : or, je ne te ressemble pas et je ne t'ai jamais ressemblé en cette matière, petit homme! Peu importe que tu le croies ou non ; toi, tu as un revolver, moi j'ai la science! A chacun son rôle!

En réalité, tu ruines ta propre vie, petit homme :

En 1924, j'ai proposé l'étude scientifique du caractère humain. Ta première réaction a été l'enthousiasme.

En 1928, j'ai enregistré les premiers succès tangibles. Tu étais ravi et m'as gratifié du titre de « spiritus rector ».

En 1933, j'ai publié les résultats de mes recherches dans ta maison d'édition. Hitler venait de prendre le pouvoir. J'avais apporté la preuve qu'Hitler a pu s'emparer du pouvoir à cause de ta cuirasse caractérielle. Alors tu as refusé de publier dans ta maison d'édition le livre qui montrait comment tu produisais un Hitler.

Le livre parut néanmoins et tu étais toujours enthousiaste. Mais tu as essayé de faire le silence autour de mon ouvrage, parce que ton « président » a déclaré qu'il le désapprouvait. C'est le même qui a recommandé aux mères de réprimer les excitations génitales des enfants en leur apprenant à retenir leur souffle.

Pendant douze ans, tu as fait le silence autour d'un livre qui naguère t'avait enthousiasmé.

En 1946, il fut réédité. Tu l'as accueilli comme un « classique ». Encore aujourd'hui, tu es ravi de ce livre.

Ainsi, vingt-deux années mouvementées se sont écoulées depuis que j'enseignais que le traitement individuel des maladies mentales est bien moins important que leur *prévention*. Pendant vingt-deux ans, je n'ai cessé de répéter que les gens tombent dans telle ou telle folie, qu'ils se plaignent de ceci ou de cela, parce que leurs corps sont raides, qu'ils sont incapables de donner l'amour ou d'en jouir. Car, à la différence des autres animaux, ils sont incapables de se donner entièrement et de frémir dans l'acte d'amour.

Vingt-deux ans après l'énoncé de mes thèses, tu racontes à tes amis qu'il importe moins de traiter l'individu que de prévenir les troubles mentaux. Et *une fois de plus*, tu agis comme tu as agi depuis des millénaires : tu indiques l'objectif qu'il faut atteindre, mais tu ne dis pas comment on peut y parvenir. *Tu ne fais pas mention de la vie sexuelle des masses.* Tu prétends « prévenir les troubles mentaux ». Cela, n'importe qui peut le dire ; c'est une affirmation inoffensive et respectable.

Désir.

Mais tu veux y parvenir *sans remédier à la misère sexuelle*. Tu évites même d'en parler ; tu n'en as pas le droit. Ainsi, comme médecin, tu ne sors pas du bourbier.

Que dirais-tu d'un technicien qui parlerait de la technique du vol sans mentionner le moteur et l'hélice ? C'est pourtant ce que tu fais, ingénieur de l'âme humaine. Tu es un lâche. Tu veux retirer les raisins de mon gâteau, mais tu ne veux pas prendre les épines de mes rosiers. Pendant ce temps, tu te moques de moi et me qualifies de « promoteur de meilleurs orgasmes ». Voilà ce que tu fais, petit psychiatre ! N'as-tu jamais entendu les cris des jeunes mariées violées par leurs maris impuissants ? Ignores-tu l'angoisse des adolescents crevant d'amour insatisfait ? Préfères-tu ta tranquillité à la guérison de tes malades ? Combien de temps continueras-tu à placer ta dignité avant ton devoir de médecin ? Combien de temps continueras-tu d'ignorer que tes précautions tactiques coûtent la vie à des millions d'êtres humains ?

Tu préfères ta sécurité à la vérité. Quand tu entends parler de l'orgone que j'ai découvert, tu ne demandes pas : « Quel effet peut-il bien avoir ? Comment peut-il rendre la santé aux malades ? » Non, tu demandes : « Est-ce qu'il est qualifié pour exercer la médecine dans l'État du Maine ? » Tu ignores que tes petites patentes peuvent tout au plus me gêner un peu, mais qu'elles sont incapables d'arrêter mon œuvre. Tu ignores que je suis célèbre dans le monde entier pour avoir découvert ta peste émotionnelle et ton énergie vitale ; que pour prétendre me contrôler il faut d'abord en savoir plus long que moi.

Parlons de *ton vertige de la liberté*. Personne ne t'a jamais demandé, petit homme, pourquoi tu étais incapable de conquérir la liberté et pourquoi tu l'as aussitôt vendue à quelque nouveau maître si d'aventure tu as pu y accéder.

« Écoutez-moi ça! Il ose douter de la révolution des prolétaires de tous les pays et de la démocratie! A bas le révolutionnaire et le contre-révolutionnaire! »

A bas!

Ne perds pas tes nerfs, petit Führer de tous les démocrates et prolétaires du monde! J'estime que ta liberté future *réelle* dépend bien plus de la réponse à donner à cette *seule* question que de centaines de « résolutions » votées par tes Congrès du Parti.

« A bas! Il salit l'honneur de la nation et de l'avant-garde du prolétariat révolutionnaire! A bas! Au poteau! »

Tes hurlements ne feront pas avancer les choses, petit homme. Tu as toujours cru que ta liberté était assurée si tu envoyais des hommes au poteau. *Tu ferais bien mieux de te regarder une fois dans la glace.*

« A bas, à bas ! »

Minute, papillon ! Je n'ai pas l'intention de te traiter en quantité négligeable, petit homme ; je voudrais simplement t'expliquer pourquoi tu es incapable de conquérir et de préserver ta liberté. Cela devrait t'intéresser, je pense !

« A bas ! »

Bien, je vais être bref. Je vais te montrer comment se comporte le petit homme quand il a réussi à accéder à la liberté. Supposons que tu sois étudiant dans une institution qui défend la liberté sexuelle des enfants et des adolescents. Tu es enthousiasmé par cette « merveilleuse idée » et tu désires participer à la lutte. Voici comment les choses se sont passées dans ma maison :

Les étudiants étaient penchés sur leur microscope en train d'observer des bions terrestres. Tu te tenais nu dans l'accumulateur d'orgone. Je t'ai appelé pour que tu prennes part à nos travaux. Tu es sorti de ton accumulateur et tu t'es montré dans le plus simple appareil aux jeunes filles et aux femmes. Je t'ai aussitôt réprimandé mais tu n'as pas compris. Je n'ai pas compris pourquoi tu n'as pas compris. Plus tard, au cours d'une discussion prolongée, tu m'as dit que c'était là ta manière de concevoir la liberté dans une institution préconisant la santé sexuelle des petits enfants et de chacun. Tu as bientôt compris que tu nourrissais un

73

profond *mépris* à l'endroit de l'institution et de son idée de base et que c'était là la raison de ton attitude indécente.

Un autre exemple te fera comprendre comment tu compromets sans cesse ta liberté.

Tu sais, je sais, nous savons tous que tu vis dans un état d'excitation sexuelle permanente ; tu regardes toute personne de l'autre sexe avec convoitise ; parler avec tes amis de l'amour, c'est pour toi faire des plaisanteries scabreuses ; autrement dit, ton imagination se complaît aux choses sales et *pornographiques*. Un soir, je t'ai entendu hurler avec tes amis : « Nous voulons des femmes ! »

Pour t'assurer un meilleur avenir, j'ai créé des organisations au sein desquelles tu pouvais t'informer de la misère de ta vie et des remèdes à y apporter. Toi et tes amis veniez en foule aux réunions. Pourquoi, petit homme ? J'avais d'abord pensé que tu désirais sérieusement et honnêtement améliorer tes conditions de vie. Plus tard, j'ai percé à jour tes mobiles véritables. Tu espérais trouver un nouveau genre de bordel où tu pourrais trouver des filles sans dépenser un sou. Ayant compris cela, j'ai dissous ces organisations qui devaient pourtant t'aider à vivre. Ce n'est pas parce que je crois qu'il y ait du mal à trouver une fille dans une telle organisation, mais parce que tu y apportais un esprit ordurier. Ainsi, ce fut la fin de ces organisations et, une fois de plus, tu t'enfonçais dans ton bourbier... Tu voulais dire quelque chose ?

« C'est la bourgeoisie qui a perverti le prolétariat. Mais les leaders ouvriers y mettront le holà. Ils balaieront tout avec un balai de fer. Et de toutes

Les nuits de Berlin.

manières, le problème sexuel du prolétariat se résoudra tout seul! »

Je sais ce que tu veux dire, petit homme. C'est exactement ce qu'ils ont fait dans la patrie de tous les prolétaires : ils ont laissé le problème sexuel se résoudre « tout seul ». Le résultat se voyait à Berlin, quand les « prolétaires en armes » violaient les femmes à longueur de nuit. Cela, tu le sais. Tes « champions de l'honneur révolutionnaire », tes « soldats du prolétariat mondial » t'ont déshonoré à tout jamais. Tu dis que de telles choses arrivent « seulement en temps de guerre »? Alors, je vais te raconter une autre histoire véridique :

Un Führer en herbe, gonflé d'enthousiasme prolétaire et dictatorial, s'était passionné aussi pour l'économie sexuelle. Il vint me voir et dit : « Vous êtes merveilleux! Karl Marx a montré aux masses comment se libérer au plan *économique*. Vous avez appris aux gens à se libérer *sexuellement*. Vous leur avez dit : « Allez et baisez à cœur joie! » » Dans ta bouche, tout cet art devient pervers ; mon étreinte amoureuse se transforme en acte obscène. Tu ne sais même pas de quoi je parle, petit homme.

Voilà pourquoi tu t'enlises dans ton bourbier.

Et toi, petite femme, tu es devenue une éducatrice par pur hasard, sans la moindre qualification ; comme tu n'avais pas d'enfants et qu'un pédagogue avait besoin d'une aide, tu as pu faire beaucoup de mal. Ta tâche consiste à former et à éduquer des enfants. Prendre au sérieux sa tâche d'éducateur, c'est former correctement la sexualité infantile. *Or, si l'on veut former la sexualité infantile, il faut avoir soi-même connu l'amour.* Mais si tu es gras-

Tu penses comme un tonneau, tu éduques comme un tonneau,
tu imposes à cette vie ta laideur, ton hypocrisie, ta haine farouche
que tu dissimules sous un sourire papelard.

souillette, gauche et physiquement répugnante!
Pour cette seule raison déjà tu détestes profondément tout corps vivant et bien fait. Je ne te reproche pas, bien entendu, d'être grasse et peu attrayante, de n'avoir aucune expérience de l'amour (aucun homme bien portant ne te la donnerait), de ne pas comprendre les besoins amoureux des enfants. Je te reproche de faire une vertu de ta laideur et de ton inaptitude à l'amour, d'étouffer, poussée par ton amertume et par ta haine, tout amour dans les enfants, si par hasard tu travailles dans une « école moderne »; c'est là ton crime, vilaine petite femme! Ton existence est nuisible, parce que tu aliènes des enfants bien portants à leurs pères bien portants, parce que tu considères comme un symptôme pathologique l'amour enfantin. Elle est nuisible, parce que tu ressembles à un tonneau, tu te promènes comme un tonneau, tu penses comme un tonneau, tu éduques comme un tonneau. Au lieu de te retirer modestement dans un coin tranquille, tu t'efforces d'imposer à cette vie ta laideur, ton hypocrisie, ta haine farouche que tu dissimules sous un sourire papelard.

Et toi, petit homme, tu es ce que tu es, tu vis comme tu vis, tu penses comme tu penses, tu habites un monde comme le tien, parce que tu permets à une telle femme de s'occuper de tes enfants bien portants, de baver son amertume et son poison sur leurs âmes bien portantes.

Et voici un autre exemple, petit homme : tu es venu à moi pour prendre connaissance des fruits de mon labeur infatigable, que j'ai défendus dans d'âpres combats. Sans moi, tu serais aujourd'hui un petit docteur en médecine générale, dans une petite ville ou dans un village. J'ai fait de toi un grand homme, grâce à mon savoir et à ma technique thérapeutique. Je t'ai montré comment la liberté est étranglée chaque jour, comment l'esprit servile se perpétue. Puis, on t'a confié une position importante dans quelque pays étranger pour que tu y exposes mes théories. Tu es libre au sens plein du terme. Je fais confiance à ton honnêteté. Mais dans ton for intérieur, tu te sens tributaire de moi, car tu es incapable de tirer grand-chose de toi. Tu as besoin de moi, de ma science, pour ne pas désespérer de toi-même, de l'avenir, et surtout de ton *développement* personnel. Tout cela, je te le dispense généreusement, petit homme. Je ne demande rien en retour. Puis, un jour, tu déclares que je t'ai fait « violence ». Tu emploies un langage insolent en t'imaginant que c'est une preuve de liberté. Mais confondre liberté et insolence a toujours été la marque d'un esprit servile. En t'autorisant de ta « liberté » tu refuses de m'envoyer des rapports sur ton activité. Tu te sens enfin libre... libre de l'obligation de coopérer et d'assumer des responsabilités. Voilà pourquoi tu es ce que tu es, petit homme, voilà pourquoi le monde est ce qu'il est.

Sais-tu, petit homme, ce que ressent un aigle qui a couvé des œufs de poule ? Tout d'abord, il pense qu'il va faire éclore de petits aigles qu'il élèvera et dont il fera de grands aigles. Mais les petits aigles se révèlent bientôt de petits poussins. L'aigle, désespéré, veut néanmoins en faire des aigles. Mais il ne voit autour de lui que des poules qui caquettent. Alors, l'aigle a beaucoup de peine

Les poussins de l'aigle.

à réprimer son désir de dévorer tous ces poussins, toutes ces poules. Ce qui le retient, c'est le faible espoir que parmi tous ces poussins se trouvera peut-être un petit aigle qui, en grandissant, deviendra un grand aigle comme lui-même, explorant à partir de son aire de nouveaux mondes, de nouvelles idées, de nouvelles formes de vie. C'est ce faible espoir qui empêche l'aigle triste et solitaire de dévorer les poussins et les poules. Mais ces derniers ne se rendent même pas compte que c'est un aigle qui les élève. Ils ne remarquent même pas qu'il vit sur une aiguille de rocher, au-dessus des vallées brumeuses et sombres. Ils se contentent de manger ce que l'aigle leur apporte au nid. Ils se réchauffent et se mettent à l'abri sous ses ailes chaudes quand sévissent l'orage et la tempête qu'il brave sans la moindre protection. Quand l'ouragan souffle trop fort, ils se sauvent et lui lancent de loin de petits cailloux aigus pour le blesser. Quand l'aigle voit cette méchanceté, son premier réflexe est de les anéantir. Mais en réfléchissant il finit par les prendre en pitié. Il ne perd pas l'espoir que parmi les poussins caquetants, picotants et myopes, il se trouvera un petit aigle capable de devenir un jour un grand aigle comme lui.

L'aigle solitaire n'a jamais abandonné cet espoir. Et il continue de couver de petits poussins.

Tu refuses d'être un aigle, petit homme, c'est pourquoi tu es la proie des vautours. Tu as peur des aigles, tu préfères le grand troupeau ; c'est pourquoi tu te fais manger avec le grand troupeau. Car quelques-unes de tes poules ont couvé des

Écoute, petit homme.   6 œufs de vautour. Les vautours deviennent tes Führer s'acharnant contre les aigles qui voulaient te conduire vers un avenir meilleur. Les vautours t'apprennent à te contenter de charognes et de quelques rares grains de blé. Ils t'apprennent en outre à crier « heil, grand Vautour! » Et voilà que toi et ceux qui te ressemblent meurent, et tu as toujours peur des aigles qui couvent tes poussins.

Toi, petit homme, tu as tout construit sur le sable : ta maison, ta vie, ta culture, ta civilisation, ta science, ta technique, ton amour et l'éducation de tes enfants. Tu ne le sais pas, tu ne veux pas le savoir, tu tues le grand homme qui te dit la vérité. Puis, accablé et miséreux, tu poses sans arrêt les mêmes questions :

« Mon enfant est entêté, il casse tout, il a des cauchemars, il manque de concentration à l'école, il souffre de constipation, il est pâle, il est cruel. Que faire ? Aide-moi ! »

Ou bien : « Ma femme est frigide, elle ne me donne pas d'amour. Elle me tourmente, elle est prise d'accès d'hystérie, elle se promène avec une douzaine d'étrangers. Dis-moi ce que je dois faire ! »

Ou bien : « Une nouvelle et terrible guerre a éclaté, et cela peu de temps après la « der' des der' ». Que pouvons-nous faire ? »

Ou bien : « Cette civilisation dont je suis si fier s'écroule à cause de l'inflation. Des millions de personnes n'ont rien à manger, meurent de faim, assassinent, volent, détruisent, mènent une vie dissolue et abandonnent tout espoir. Que faire ? »

C'est toujours la même question qui traverse les siècles : « Que faire ? Que faire ? »

C'est le sort des grandes réalisations nées d'une mentalité qui place la vérité avant la sécurité, d'être mangées par toi et de te quitter ensuite sous forme d'excréments.

Beaucoup de grands hommes solitaires n'ont cessé de te répéter ce que tu dois faire! Tu as sans cesse déformé leurs doctrines, tu les as réduites en miettes et anéanties. Tu les as prises par le *mauvais bout*, tu t'es accroché à de minces erreurs et tu les as adoptées comme règles de vie. C'est ainsi que tu as malmené le christianisme, le socialisme, la théorie de la souveraineté du peuple, et tout et tout, petit homme. Tu me demandes pourquoi tu fais cela? Je ne pense pas que tu poses cette question sérieusement. Si je te disais la vérité, tu tirerais ton revolver :

Tu as construit ta maison sur le sable. et tu agis ainsi parce que tu es incapable de sentir la vie en toi, parce que tu tues l'amour dans chaque enfant avant même qu'il naisse ; parce que tu ne supportes aucune manifestation de la vie, aucun mouvement libre et naturel. Tu t'effraies et tu demandes : « Que dira Madame Jones, que dira Monsieur Meier ? »

Tu n'as pas le courage de penser, petit homme, parce que toute pensée réelle s'accompagne de sensations somatiques et que tu as peur de ton corps. Beaucoup de grands hommes t'ont dit : Retourne à tes origines, écoute la voix qui parle au fond de toi-même, suis tes sensations authentiques, aime l'amour! Mais tu fais la sourde oreille, parce que tu ne peux plus percevoir de tels appels : ils se perdent dans le désert et ceux qui les lancent

Tu ne supportes aucune manifestation de la vie, aucun mouvement libre et naturel.

dans le désert périssent dans les étendues arides, petit homme.

Tu avais le choix entre la montée aux cimes pour devenir le « surhomme » de Nietzsche et la descente pour devenir le « sous-homme » d'Hitler. Tu as crié « heil » et tu as choisi l' « Untermensch ».

Tu avais le choix entre les institutions vraiment démocratiques de Lénine et la dictature de Staline. Tu as choisi la dictature de Staline.

Tu avais le choix entre l'explication sexuelle de ton mal émotionnel donnée par Freud, ou la théorie de l'adaptation culturelle. Tu as choisi la philosophie culturaliste qui ne t'a pas fourni le moindre appui et tu as oublié la théorie sexuelle.

Tu avais le choix entre la simplicité grandiose de Jésus et le célibat de Paul pour ses prêtres et le mariage obligatoire pour toi. Tu as choisi le célibat et le mariage obligatoire alors que la mère de Jésus a mis au monde un fils qui devait sa vie seulement à l'amour.

Tu avais le choix entre la théorie de Marx sur la productivité de la force vivante de ton travail qui seul crée la valeur des biens — et l'idée de l'État. Tu as oublié l'énergie vivante de ton travail et tu as choisi l'idée de l'État.

Pendant la Révolution française, tu avais le choix entre le cruel Robespierre et le grand Danton. Tu as choisi la cruauté en envoyant la grandeur et la bonté au gibet.

En Allemagne, tu avais le choix entre Goering et Himmler d'un côté, Liebknecht, Landau et Mühsam de l'autre. Tu as fait de Himmler ton chef de la Police et tu as assassiné tes vrais amis.

Tu avais le choix entre Julius Streicher et Rathenau. Tu as tué Rathenau.

Tu avais le choix entre Lodge et Wilson. Tu as assassiné Wilson.

Tu avais le choix entre la meurtrière Inquisition et la vérité de Galilée. Tu as torturé à mort le grand Galilée ; tu as tiré profit de ses inventions après l'avoir humilié et offensé. En ce XXᵉ siècle, tu as remis en honneur les méthodes de l'Inquisition.

Tu avais le choix entre le traitement humain des malades mentaux et l'électrochoc. Tu as choisi la thérapeutique de choc, pour ne pas voir l'étendue de ta propre misère, continuant à fermer les yeux là où seule une vision claire et lumineuse peut apporter le salut.

Tu avais le choix entre l'énergie destructive de l'atome et l'énergie constructive de l'orgone. Tu es resté borné et tu as choisi l'énergie de l'atome.

Tu as le choix entre ton ignorance de la cellule cancéreuse et la lumière que j'ai projetée sur ses secrets, une lumière qui pourrait sauver la vie de millions d'humains ! Tu continues à débiter les mêmes âneries sur le cancer dans les revues et les journaux et tu fais le silence sur des connaissances qui sauveraient ton enfant, ta femme et ta mère.

Tu meurs de faim par millions, petit Indien, mais tu continues à te disputer avec les Musulmans à propos de la sainteté des vaches. Tu te promènes en loques, petit Italien, petit Yougoslave de Trieste, mais ton seul souci est de savoir si Trieste est « italienne » ou « yougoslave ». Je croyais que Trieste était un port accueillant les bateaux du monde entier.

Tu pends les hitlériens parce qu'ils ont assassiné des millions de gens. Mais qu'as-tu fait avant que ces assassinats ne s'accomplissent ? La vue de quelques douzaines de cadavres ne t'émeut pas. En faut-il des millions pour que tes sentiments humanitaires s'éveillent ?

Chacune de ces défaillances révèle la grande misère de l'animal humain. Tu dis : « Pourquoi prendre tout ça au tragique ? Est-ce que tu te sens responsable de tous ces maux ? »

En parlant ainsi, tu te condamnes toi-même. Si tu assumais seulement une fraction de la responsabilité qui t'incombe, le monde ne serait pas ce qu'il est, et tu ne tuerais pas tes grands amis par tes petites bassesses.

C'est parce que tu rejettes ta responsabilité que ta maison est construite sur du sable. Le plafond s'écroule, mais tu as ton « honneur de prolétaire » ou ton « honneur national ». Le plancher cède sous tes pieds, mais tu ne cesses de hurler : « Heil, vive le Führer, vive l'honneur allemand, russe, juif! » La tuyauterie éclate, ton enfant est sur le point de se noyer, mais tu continues à préconiser la manière forte en matière d'éducation. Ta femme est alitée, atteinte de pneumonie, mais toi, petit homme, tu rejettes comme une « invention juive » l'idée de construire ta maison sur du roc.

Tu arrives au galop et tu me demandes : « Cher grand docteur ! Que dois-je faire ? Ma maison s'écroule, le vent la traverse, mon enfant et ma femme sont malades, je suis malade. Que dois-je faire ? »

La réponse, la voici : il faut construire ta maison sur du rocher. Ce rocher, c'est ta propre nature que

Envoie au diable tes politiciens et tes diplomates.

tu as tuée en toi, l'amour physique de ton enfant, le rêve d'amour de ta femme, le rêve de ta propre vie quand tu avais seize ans. Troque donc tes illusions contre quelques grains de vérité. Envoie au diable tes politiciens et tes diplomates. Ne te soucie pas de ton voisin mais écoute la voix qui est au fond de toi-même. Au lieu d'assister à l'exécution de tes bourreaux et de tes pendus, *fais promulguer une loi pour la sauvegarde de la vie humaine et des biens des hommes*. Une telle loi serait une partie du rocher sur lequel tu pourrais construire ta maison. Protège l'amour de tes petits-enfants contre les attaques d'hommes et de femmes insatisfaits et lascifs. Poursuis en justice la vieille fille médisante ; mets-la au pilori ou envoie-la, à la place des jeunes garçons et des jeunes filles coupables d'aimer, dans un établissement d'éducation surveillée. Renonce à dépasser ton exploiteur dans l'art d'exploiter les gens si tu as la chance d'occuper une position de cadre. Jette ton habit de cérémonie et ton huit-reflets aux orties et étreins ta femme sans demander un certificat t'y autorisant. Va voir d'autres gens dans d'autres pays, car ils vivent comme toi, ils ont comme toi des qualités et des défauts. Laisse pousser ton enfant tel que la nature (ou « Dieu ») l'a fait ! N'essaie pas de faire mieux que la nature. Efforce-toi plutôt de la comprendre et de la protéger. Va à la bibliothèque plutôt qu'à un combat de boxe, visite des pays étrangers plutôt que Coney Island (¹). Et surtout, RAISONNE D'UNE MANIÈRE CORRECTE, écoute ta voix inté-

(¹) Parc d'attractions près de New York (N. d. T.).

Coney Island.

rieure qui te guide en douceur. Tu es le maître de ta vie. Ne fais confiance à personne, et moins encore aux leaders que tu as élus. SOIS TOI-MÊME! Beaucoup de grands hommes t'ont donné ce conseil.

« Écoutez-moi ce petit-bourgeois réactionnaire et individualiste! Il ignore la marche inexorable de l'histoire. Il dit : « Connais-toi toi-même! Quelle sottise petite-bourgeoise! Le prolétariat révolutionnaire du monde conduit par son Führer bienaimé, le père des peuples, le maître de toutes les Russies, de tous les Slaves, libérera le peuple! A bas les individualistes et les anarchistes! »

Vivent les Pères des peuples et des Slaves, petit homme! Écoute un peu, j'ai quelques pronostics sérieux à formuler :

Tu vas assumer le gouvernement du monde et cette idée te fait trembler de peur. Pendant des siècles, tu assassineras tes amis et tu porteras aux nues les Führer de tous les peuples, de tous les prolétaires et de tous les Russes. Des jours durant, des semaines durant, des années durant, tu salueras un maître après l'autre ; tu n'entendras pas le vagissement de tes bébés, tu ne te soucieras pas de la misère de tes adolescents, de la nostalgie de tes hommes et femmes, et *si* jamais tu entends leurs plaintes, tu les traiteras de bourgeois individualistes. Pendant des siècles, tu verseras du sang là où il faudrait protéger la vie, et tu t'imagineras que tu instaures la liberté en te faisant aider par tes bourreaux ; par conséquent, tu ne sortiras jamais du bourbier. Pendant des siècles, tu suivras le rodomont, tu seras sourd et aveugle quand LA VIE, quand TA VIE fera appel à toi. Car tu as peur de la

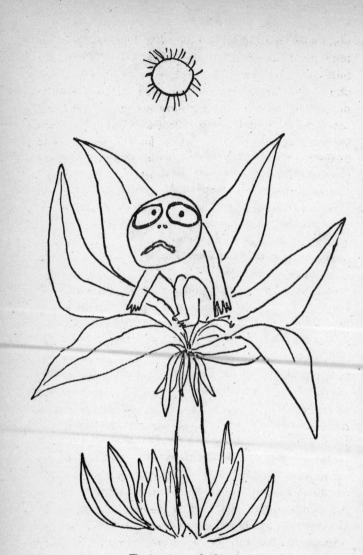

Tu as peur de la vie.

vie, petit homme, très peur. Tu l'assassineras au nom du « socialisme », de l'État, de « l'honneur national », de la « gloire de Dieu ». Mais il y a une chose que tu ne sauras pas, que tu ne voudras pas savoir : *que tu es le propre artisan de ton malheur, que tu le produis tous les jours, que tu ne comprends pas tes enfants, que tu leur brises les reins avant même qu'ils aient la force de se tenir debout ; que tu voles l'amour ; que tu prends un chien pour être toi aussi le « maître » de quelqu'un.* Ainsi, tu feras fausse route pendant des siècles, en attendant de mourir de misère sociale avec les masses, et cela jusqu'à ce que la première lueur de compréhension se fasse jour en toi-même. Et en tâtonnant, tu te mettras enfin en quête de ton ami, de l'homme vivant d'amour, de travail et de connaissance, et tu commenceras à le comprendre et à le respecter. Tu finiras par te rendre compte que pour ta vie, une bibliothèque a plus d'importance qu'un combat de boxe, qu'il vaut mieux se promener dans les bois pour réfléchir que parader, qu'il vaut mieux guérir que tuer ; qu'il est préférable d'afficher une saine confiance en soi que des « sentiments nationaux », que la modestie l'emporte sur les hurlements patriotiques et autres.

Tu es d'avis que la fin justifie les moyens, même les moyens les plus infâmes. Tu as tort : *la fin est contenue dans la route qui y mène. Chacun de tes pas d'aujourd'hui est ta vie de demain.* Aucun grand objectif ne saurait être atteint par des moyens immoraux. La preuve en a été administrée dans toutes les révolutions sociales. Si la route qui doit te conduire vers un but est vile et inhumaine, tu deviens toi-même vil et inhumain, et tu n'atteindras jamais ton but.

Tu objectes : « Mais comment faire alors pour atteindre le but de la charité chrétienne, du socialisme, de la constitution américaine ? Ta charité chrétienne, ton socialisme, ta constitution américaine s'expriment dans ce que tu fais et penses tous les jours, dans ta manière d'étreindre ton partenaire, de sentir ton enfant, de considérer ton travail COMME TA RESPONSABILITÉ SOCIALE, dans les soins que tu prends à ne pas réprimer ta vie.

Mais toi, petit homme, tu abuses des libertés que t'accorde la constitution pour *la supprimer*, au lieu d'en faire le principe de ton existence quotidienne.

En Suède, j'ai vu des réfugiés allemands abuser de l'hospitalité suédoise. A cette époque tu étais le Führer en herbe de tous les peuples opprimés de la terre. Tu as sans doute gardé le souvenir de la coutume du « smörgåsbord » suédois ? Tu sais ce que je veux dire. Je vais te l'expliquer. On présente aux invités un buffet couvert de toutes sortes de friandises : pour toi, cette coutume était nouvelle ; tu ne comprenais pas comment on pouvait faire ainsi confiance à ses invités. Et tu m'as raconté sur un ton malicieux comment tu as jeûné pendant toute la journée afin de pouvoir te bourrer, le soir venu, de victuailles.

« Enfant, j'ai eu faim ! », me disais-tu.

Je le sais, petit homme, car je t'ai vu affamé et je connais la faim. Mais tu ne sais pas que tu multiplies par mille la faim de tous les enfants du monde quand tu voles du « smörgåsbord », toi qui te dis le sauveur futur de l'humanité. Il y a un certain nombre de choses que l'on ne fait pas : on ne porte pas la main sur les cuillers d'argent, sur la maîtresse de céans, sur le smörgåsbord quand on est accueilli dans une maison hospitalière. Après la débâcle allemande, je t'ai trouvé à moitié mort de faim dans un parc. Tu me disais que le « Secours Rouge » de ton parti avait refusé de t'aider, parce que tu avais perdu ta carte de membre. Vos Führer de tous les gens affamés distinguent donc entre des affamés rouges, blancs et noirs. Or, l'organisme affamé est toujours le même. Voilà comment tu agis dans les *petites* choses.

Et dans les *grandes* ?

Tu pars en campagne pour mettre un terme à l'exploitation capitaliste, au mépris de la vie humaine, et pour assurer ton droit à l'existence. Car il y a cent ans, on exploitait et on méprisait la vie humaine, on ignorait la gratitude. Mais on respectait aussi les grandes réalisations, on témoignait de la loyauté à ceux qui accomplissaient de grandes choses, on reconnaissait le talent. Qu'est-ce que tu as fait, petit homme ?

Partout où tu as installé tes petits Führer, on exploite mieux qu'il y a cent ans tes forces vives, on pousse plus loin le mépris brutal de ta vie, on fait fi de tous tes droits!

Et là où tu continues à mettre en place tes propres Führer, on ne respecte plus aucun travail, on se contente de voler les fruits du travail de tes grands amis. Tu ne rends plus honneur au talent, car tu crois cesser d'être Américain, Russe ou Chinois libre si tu fais preuve de respect ou de reconnaissance. *Ce que tu comptais détruire prospère plus que jamais, ce que tu comptais préserver et protéger comme ta propre vie, tu l'as détruit.* Tu considères la loyauté comme une manifestation de « sentimentalisme » ou comme une habitude « bourgeoise », le respect du travail de l'autre comme de la « flagornerie ». Tu ne sais pas que tu es obséquieux quand tu devrais faire preuve d'indépendance d'esprit, que tu es ingrat quand tu devrais être loyal.

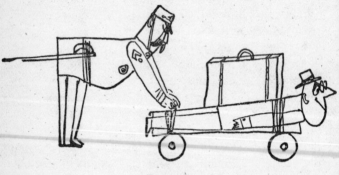

Passeport.

Tu te tiens sur la tête et tu t'imagines que tu avances en dansant vers le royaume de la liberté. Tu te réveilleras de ce rêve trop haut, petit homme, et tu te retrouveras impuissant, étendu à même le sol. *Tu voles là où l'on donne, tu donnes là où l'on vole.* Tu as confondu la liberté d'opinion et de critique avec le droit de tenir des propos irresponsables, de faire de mauvaises plaisanteries. Tu veux critiquer, mais tu n'admets pas qu'on te critique : c'est pourquoi on te houspille et on te canarde. Tu veux toujours attaquer sans t'exposer toi-même aux attaques des autres. C'est pourquoi tu te tiens toujours en embuscade.

« Police! Police! Est-ce que son passeport est en règle? Est-il vraiment docteur en médecine? Son nom ne figure pas dans le « Who is Who » et l'Ordre des Médecins lui fait la guerre ».

La police ne saurait te tirer d'affaire, petit homme. Elle peut appréhender des voleurs ou régler la circulation, mais elle ne peut conquérir la liberté pour toi. Tu as détruit toi-même ta liberté et tu continues à le faire, avec une logique implacable. Avant la « Première Guerre Mondiale » on n'avait pas besoin de passeport pour aller d'un pays à l'autre. Après la guerre « pour la liberté et la paix », on a créé des passeports et ils te suivent comme des poux. Si tu veux faire quelque trois cents kilomètres en Europe, tu dois demander des visas auprès des consulats d'une dizaine de pays. Il en est toujours ainsi, plusieurs années après la deuxième et « dernière » guerre mondiale. Il en sera ainsi après la troisième, la quatrième et la nième.

« Écoutez! Le voilà qui salit mon patriotisme et la gloire de la nation! »

Ne t'énerve pas, petit homme! Il existe deux sortes de bruits : celui de la tempête sur les hautes cimes et celui de tes pets. Tu n'es qu'un pet et tu t'imagines sentir la violette. Je guéris la plaie de ton âme et tu demandes si je figure au « Who is Who ». Je perce le secret de ton cancer et ton Service de la Santé m'interdit de poursuivre mes expériences sur les souris. J'ai appris à tes médecins à pratiquer la médecine et ton Ordre des Médecins me dénonce à la police. Tu souffres de troubles mentaux et

Écoute, petit homme.   7

ils t'administrent des électrochocs comme ils administraient au moyen âge les fers et le fouet.

Tais-toi, petit homme. Ta vie est trop misérable. Je n'ai pas l'intention de te sauver, mais je terminerai mon discours, même si tu approches, revêtu de la chemise et du masque du bourreau, une corde dans ta main sanglante, pour me pendre. Tu ne peux me pendre, petit homme, sans te pendre toi-même haut et court. Car je suis ta vie, ta sensation du monde, ton humanité, ton amour, ta joie créatrice. Non, tu ne peux m'assassiner, petit homme! Autrefois, j'avais peur de toi, de même que j'étais à ton égard trop confiant. Mais je me suis élevé au-dessus de toi, et je te vois dans la perspective des millénaires, en avançant et en reculant dans l'ordre du temps. Je veux que tu perdes la peur de toi-même. Je veux que tu mènes une vie plus décente et plus heureuse. Je veux que ton corps soit vivant et non rigide, je veux que tu aimes tes enfants au lieu de les détester, je veux que tu aies une femme heureuse au lieu d'une victime torturée du mariage. Je suis ton médecin, et comme tu habites ce globe, je suis un médecin planétaire. Je ne suis ni Allemand, ni Juif, ni Chrétien, ni Italien, je suis un citoyen du monde. Mais pour toi, il n'y a que des anges américains et des diables japonais.

« Arrêtez-le! Examinez-le! A-t-il le droit d'exercer la médecine? Publiez un décret royal aux termes duquel il ne peut ouvrir un cabinet sans l'accord du roi de notre pays libre! Il fait des recherches sur nos fonctions de plaisir. Jetez-le en prison! Expulsez-le de notre pays! »

Le droit d'exercer mes activités, je l'ai conquis

de haute lutte. Personne d'autre ne saurait me le conférer. J'ai fondé une science nouvelle qui a abouti à la compréhension de la vie. Tu y recourras dans dix, cent ou mille ans, quand — après avoir gobé toutes sortes de doctrines — tu seras au bout de ton rouleau. Ton Ministre de la Santé n'a aucun pouvoir sur moi, petit homme. Il serait aujourd'hui un homme influent s'il avait eu le courage de reconnaître ma vérité. Mais il n'en a pas eu le courage! Ainsi, il retourne dans son pays et y répand le bruit que je suis en traitement, aux États-Unis, dans un hôpital psychiatrique. Et il a nommé Inspecteur général des Hôpitaux un petit homme de rien qui falsifie mes expériences pour tenter de réfuter la fonction de plaisir. Pendant ce temps, j'écris ces lignes à ton intention, petit homme. Veux-tu d'autres preuves de l'impuissance de tes puissants? Tes cancérologues, tes conseillers de santé, tes professeurs n'ont pu faire respecter leur interdiction de percer le secret du cancer. J'ai poursuivi mes recherches en dépit de leur interdiction formelle. Leurs voyages en France et en Grande-Bretagne pour saper mon œuvre ont été en pure perte. Partout, ils se sont embourbés dans la *pathologie*. Mais moi, petit homme, je t'ai souvent sauvé la vie!

« Lorsque j'aurai porté au pouvoir en Allemagne le Führer de tous les prolétaires, je le ferai passer par les armes! Il pervertit notre jeunesse prolétarienne! Il affirme que le prolétariat souffre autant que la bourgeoisie d'inaptitude à l'amour. Il transforme nos organisations de jeunesse en bordels. Il prétend que je suis un animal. Il détruit notre conscience d'appartenir à la classe ouvrière! »

La recherche sur le cancer.

Oui, je détruis tes idéaux qui te font perdre la vie et la raison aussi, petit homme. Tu veux voir ton « grand espoir éternel » dans la glace, où tu ne peux t'en emparer. Mais *il faut prendre la vérité à bras-le-corps si tu veux devenir le maître de ce monde.*

« Chassez-le hors du pays! Il trouble l'ordre public. Il espionne pour le compte de mon ennemi de toujours. Il a acheté une maison avec l'argent de Moscou (à moins que ce ne soit celui de Berlin)!»

Tu n'as pas l'air de comprendre. petit homme. Une vieille femme avait peur des souris. Elle habitait une maison à côté de la mienne et savait que j'élevais des souris blanches dans ma cave. Elle craignait que les souris ne puissent s'introduire dans sa chemise et entre ses jambes. Si elle avait connu l'amour, elle n'aurait pas eu peur des souris. Or, c'est grâce à ces souris que j'ai compris le mécanisme de ta dégénérescence cancéreuse, petit homme. Tu étais, par hasard, le propriétaire de ma maison et la bonne femme te demanda de me donner congé. Et toi, homme courageux, bourré d'idéaux et de morale, tu m'as jeté dehors. Il m'a fallu acheter une maison pour continuer mes recherches, loin de toi et de ta couardise. Qu'as-tu fait ensuite, petit homme? En ta qualité de petit représentant du Ministère public, tu voulais faire carrière en affrontant cette célébrité dangereuse. Tu as donc affirmé que j'étais un espion allemand ou russe, et tu m'as fait jeter en prison. Mais ça valait la peine de te voir là, misérable petit procureur de l'État. Tes agents secrets ne parlaient pas très bien de toi, quand ils ont perquisitionné chez

102

moi, à la recherche de « matériel d'espionnage ».

Un peu plus tard, je t'ai rencontré encore sous les traits d'un petit juge du Bronx ; tu n'avais jamais pu réaliser ton rêve d'être nommé à un poste plus intéressant. Tu m'as reproché d'avoir des livres de Lénine et de Trotsky dans ma bibliothèque. Tu ne savais pas, petit homme, à quoi ça sert, une bibliothèque. Je t'ai expliqué que j'avais aussi Hitler, Bouddha, Jésus, Goethe, Napoléon et Casanova dans ma bibliothèque. Je t'ai dit que pour bien connaître la peste émotionnelle il faut l'étudier sous tous ses aspects. C'était là du nouveau pour toi, petit juge !

« En prison ! C'est un fasciste. Il méprise le peuple ! »

Tu n'es pas le peuple, petit juge ; c'est *toi* qui méprises le peuple, car tu ne songes même pas à défendre les droits du peuple ; ce qui seul t'intéresse, c'est *ta carrière*. Cela, beaucoup de grands hommes l'ont dit ; mais évidemment, tu ne les as jamais lus. Je respecte le peuple, car je prends d'énormes risques en lui disant la vérité. Je pourrais jouer au bridge avec toi ou raconter des plaisanteries « populaires ». Mais je ne m'assieds pas avec toi à la même table. Car tu es un mauvais défenseur de la « Déclaration des Droits du Citoyen ».

« C'est un trotskyste ! Jetez-le en prison ! Il excite le peuple, ce chien rouge ! »

Non, je n'excite pas le peuple. Je tâche de t'inspirer un peu de respect de toi-même, un peu d'humanité. Car tu veux faire carrière, gagner des voix, te faire nommer juge à la Cour Suprême ou Führer de tous les prolétaires. Ta justice et ta mentalité de Führer sont la corde au cou de l'humanité. Qu'as-tu fait de Wilson, personnage grand et chaleureux ? Pour toi, juge du Bronx, il était un « rêveur », pour toi, futur « Führer » de tous les prolétaires, il était un « exploiteur du peuple ». Tu l'as assassiné, petit homme, par ton indifférence, ton bavardage, ta peur de ton propre espoir.

Tu as failli m'assassiner aussi, petit homme.

Est-ce que tu te souviens de mon laboratoire, voici dix ans ? Tu étais un assistant technique, tu étais en chômage, tu m'avais été recommandé comme un socialiste de marque, membre d'un parti gouvernemental. Tu recevais un bon traitement, tu jouissais de la liberté au sens absolu du terme. Je t'ai permis de prendre part à toutes nos discussions car je croyais en toi et en ta « mission ». Tu te rappelles sans doute la suite. La liberté t'a rendu fou. Pendant des journées entières, je te voyais te promener, la pipe au coin de la bouche, à bayer aux corneilles. Je ne comprenais pas pourquoi tu refusais de travailler. Quand j'entrais le matin au laboratoire, tu attendais d'un air provocateur que je te salue le premier. J'aime saluer les gens le premier, petit homme. Mais si quelqu'un *attend* que je le salue, je me fâche, car je suis, dans *ton* sens, ton patron, ton « boss ». Pendant quelques jours, je te laissai ainsi abuser de ta liberté, puis j'eus une conversation avec toi. Les larmes aux yeux, tu m'expliquas que tu ne savais que faire de ce nouveau « régime » ; que tu n'étais pas habitué à la liberté. Qu'aux postes que tu avais occupés auparavant, tu n'avais même pas le droit de fumer en présence de ton patron, que tu ne pouvais lui parler que s'il t'adressait la parole, toi, le futur Führer de tous les prolétaires. Or, dès que tu jouissais de la *vraie* liberté, tu adoptais une attitude de provocation insolente. Je t'ai compris et je ne t'ai pas mis à la porte. Plus tard, tu es parti et tu as mis au courant de mes expériences un psychiatre anti-alcoolique, expert auprès des tribunaux. C'était *toi*, le mouchard, l'hypocrite, qui lanças contre moi une campagne de presse. Voilà ce que tu fais, petit homme, quand on t'accorde la liberté. Contrairement à ce que tu pensais, ta campagne de presse a fait avancer mon œuvre de dix années.

Ainsi, petit homme, je prends congé de toi. Je n'ai pas l'intention de te servir à l'avenir, de me laisser tuer à petit feu par ma sollicitude pour toi. Tu es incapable de me suivre dans les régions lointaines où je me rends. Tu mourrais de peur si tu avais seulement une vague idée de ce qui t'attend. Car tu assumeras le gouvernement du monde. Mes étendues solitaires font partie de ton avenir. Mais pour le moment, je ne te veux pas comme compagnon de voyage. Comme compagnon de voyage, tu serais inoffensif seulement à l'auberge, mais non là où je me rends.

« Assommez-le! Il médit de la civilisation que nous avons élaborée, moi, petit homme, avec l'aide de l'homme de la rue. Je suis un homme libre dans une démocratie libre! Hourra! »

Tu n'es rien, petit homme, *rien du tout*! Ce n'est pas toi qui as créé cette civilisation, mais quelques-uns de tes honnêtes maîtres. Tu ne sais pas ce que tu construis quand tu travailles sur un chantier.

Et si quelqu'un t'invite à prendre tes responsabilités dans l'œuvre d'édification, tu conspues le « traître à la classe ouvrière » et tu vas rejoindre le « Père de tous les prolétaires » qui se *garde* bien de te dire cela.

Tu n'es pas libre, petit homme, et tu ne sais pas ce que c'est que la liberté. Tu ne saurais pas vivre sous un régime de liberté. Qui, en Europe, a porté la peste au pouvoir ? Toi, petit homme ! Et aux États-Unis ?... Songe à Wilson...

« Écoutez ! Il m'accuse, *moi*, petit homme. Qui suis-je, quel pouvoir ai-je pour empêcher le président des États-Unis de faire ce qu'il veut ? Je fais mon devoir, j'obéis à mes chefs, je ne m'occupe pas de politique... »

...Même quand il s'agit de jeter des milliers d'hommes et de femmes dans les chambres à gaz, tu ne fais qu'obéir aux ordres de tes chefs, petit homme ! Tu es si naïf que tu ne sais même pas que de telles choses se font. N'est-il pas vrai ? Tu n'es qu'un pauvre diable qui n'a rien à dire, qui n'a pas d'opinion. Qui es-tu pour te mêler de politique ? Je me le demande. J'ai entendu souvent cette chanson ! Mais je te pose néanmoins une question : Pourquoi ne fais-tu pas en silence ton devoir quand un homme vraiment compétent te dit de surveiller ton entreprise et de ne pas frapper tes enfants ? Quand il te répète sans arrêt de ne pas suivre le dictateur ? Que fais-tu dans ce cas de ton devoir, de ta sage obéissance ? Non, petit homme, tu ne prêtes jamais l'oreille à la vérité, tu n'écoutes que le tapage. Alors tu hurles « heil ! ». Tu es lâche et cruel, petit homme, tu n'as pas le sens du vrai

106

devoir, du devoir d'être *humain* et de sauvegarder ton *humanité*. Tu imites mal le sage et bien le brigand. Tes films, tes programmes de radio, tes bandes dessinées ne racontent que des histoires de crimes.

Tu places ton général sur un socle pour mieux le respecter.

Tu traîneras ta personne et ta mesquinerie à travers les siècles avant de devenir ton propre maître. Je me sépare de toi pour mieux te servir à l'avenir. Car si je suis loin de toi, je ne risque pas que tu me tues, et une œuvre lointaine t'inspire plus de respect qu'une œuvre proche. *Tu méprises ce qui est trop près de toi.* Tu places ton général ou ton feld-maréchal sur un socle pour mieux le respecter, même s'il est méprisable. C'est pourquoi les grands

« *Homo normalis* ».

hommes ont toujours gardé leurs distances par rapport à toi, depuis qu'on écrit l'histoire.

« Le voilà qui sombre dans la folie des grandeurs ! Il est fou, fou à lier ! »

Je sais, petit homme, que ton premier diagnostic est toujours la folie quand tu entends une vérité que tu n'aimes pas. En ce qui te concerne, tu te considères comme l' « homo normalis », l'homme normal. Tu as enfermé les fous, et ce sont les normaux qui gouvernent le monde. Qui est donc responsable de tout le mal ? Pas toi, évidemment, tu ne fais que ton devoir, et qui es-tu pour avoir une opinion personnelle ? Je le sais, tu n'as pas besoin de me le ressasser. D'ailleurs, ton sort n'intéresse personne, petit homme. Mais quand je pense aux nouveau-nés que tu tortures pour en faire des « hommes normaux » à ton image, j'ai envie de revenir vers toi pour empêcher ce crime. Mais tu as pris tes précautions en instituant un « Ministère de l'Éducation ».

J'aimerais te promener à travers le monde, petit homme, pour te montrer un peu ce que tu es, ce que tu as été, aujourd'hui et hier, à Vienne, à Londres, à Berlin, comme « représentant de la volonté du peuple », comme adepte d'une croyance. Tu te retrouveras partout, tu te reconnaîtras partout, que tu sois Français, Allemand ou Hottentot : il te suffira d'avoir le courage de te regarder.

« Maintenant, il salit mon honneur ! Il souille ma mission ! »

Je ne fais ni l'un ni l'autre, petit homme. Je serais au contraire fort aise si tu pouvais me *prouver* le contraire, si tu pouvais me prouver que tu as le

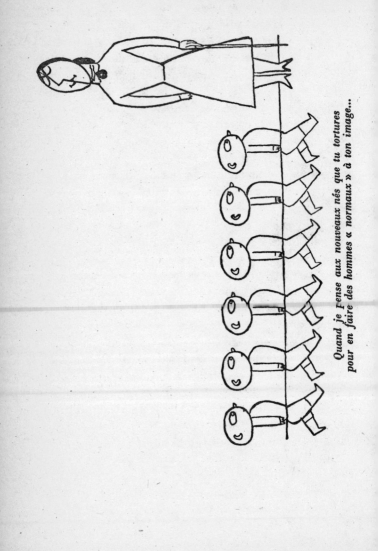

*Quand je pense aux nouveaux nés que tu tortures
pour en faire des hommes « normaux » à ton image...*

courage de te regarder en face. Tu dois fournir des preuves tout comme le maçon qui construit une maison. Une maison, cela doit exister et être habitable. Le maçon n'a pas le droit de me reprocher d' « offenser son honneur » si je lui prouve qu'au lieu de construire des maisons il se contente de me parler de sa « mission de constructeur ». De la même manière, tu dois me *prouver* que tu es l'édificateur de l'avenir de l'humanité. Il ne sert à rien de te cacher lâchement derrière les slogans de l' « honneur de la nation » ou du « prolétariat ». Tu as jeté le masque, petit homme!

Ainsi, j'ai dit que j'allais prendre congé de toi. Cette décision, je l'ai prise après des années de réflexion et d'innombrables nuits blanches. Bien sûr, les futurs Führer de tous les prolétaires ne font pas tant d'embarras. Aujourd'hui, ils sont tes chefs, demain ils seront des scribouillards apathiques dans la rédaction d'une quelconque feuille de chou. Ils changent d'opinion comme de chemise. Ce n'est pas là mon genre. Je continue de me faire du souci pour toi et ton avenir. Mais comme tu es incapable de respecter quelqu'un vivant auprès de toi, je dois prendre mes distances. Tes petits-enfants seront les héritiers de mes peines. Je le sais. J'attends qu'ils profitent des fruits de mon labeur, comme j'ai attendu trente ans que tu en profites toi-même. Mais tu préfères hurler : « A bas le capitalisme! A bas la constitution américaine! »

Suis-moi, petit homme. Je vais te montrer quelques instantanés de toi-même! Ne te sauve pas! Ce n'est pas très édifiant mais salutaire, et puis tu ne courras aucun risque.

Il y a cent ans environ, tu appris, à la manière des perroquets, à répéter ce que radotaient les physiciens qui construisaient des machines et affirmaient que l'âme n'existe pas. Puis, un grand homme s'est levé et t'a montré ton âme : il est vrai qu'il n'avait pas d'idée très précise sur les rapports entre ton âme et ton corps. Tu as dit : « Ridicule, cette psychanalyse, du charlatanisme! On peut analyser l'urine, mais pas la psyché. » Tu disais cela parce que tout ce que tu savais en matière de médecine c'était qu'on pouvait analyser l'urine. Pendant quarante ans, on s'est battu pour ton âme. Je sais combien la lutte était dure, parce que j'y ai pris part. Un jour tu as découvert qu'on pouvait gagner beaucoup d'argent avec les maladies de l'âme. Il suffit de faire venir le malade une heure tous les jours, pendant des années, et de lui facturer ces heures.

C'est à partir de ce moment-là — mais pas avant — que tu as cru en l'existence de l'âme. Entre-temps la science du corps a fait des progrès silencieux. J'ai découvert que ton esprit est une fonction de ton énergie vitale, en d'autres termes qu'il y a unité entre le corps et l'âme. Je me suis rué dans cette brèche, et j'ai pu montrer que tu projettes ton énergie vitale quand tu te sens bien et quand tu aimes, que tu la rétractes vers le centre de ton corps quand tu as peur. Pendant quinze ans tu as jeté le voile du silence sur ces découvertes. Mais j'ai poursuivi mon travail dans la même direction et j'ai découvert que l'énergie vitale, à laquelle j'ai donné le nom d' « orgone », existe aussi dans l'atmosphère. J'ai réussi à la voir et j'ai inventé des appareils pour l'agrandir et la rendre visible. Pendant que tu jouais aux cartes, que tu parlais politique, que tu tourmentais ta femme ou ruinais ton enfant, je passais des heures dans ma chambre obscure, deux années durant, plusieurs heures chaque jour, afin de m'assurer que j'avais réellement découvert l'énergie vitale. J'ai appris peu à peu à montrer ma découverte à d'autres personnes, et j'ai pu vérifier qu'elles voyaient la même chose que moi.

Si tu es un médecin qui prend l'âme pour une sécrétion des glandes endocrines, tu raconteras à un de mes malades guéris que le succès de la cure est dû à la « suggestion ». Si tu souffres de doutes obsessionnels et que tu aies peur de l'obscurité, tu diras que la démonstration est due à la « suggestion » et que tu avais l'impression d'assister à une séance de spiritisme. Voilà comment tu réagis, petit homme. Tu papotes sur l'âme en 1946 avec la même sotte assurance avec laquelle tu as nié son existence en 1920. Tu es resté le même petit homme. En 1984, tu gagneras des fortunes avec l'orgone et tu mettras en doute, tu insulteras, tu calomnieras, tu ruineras une autre vérité, comme tu as calomnié et ruiné l'âme après la découverte de l'esprit et l'orgone après la découverte de l'énergie cosmique. Et tu resteras toujours le petit homme « sceptique », qui hurle « heil » par-ci et par-là. Est-ce que tu te souviens de ce que tu as dit après la découverte de la rotation de la terre et de son mouvement dans l'espace ? Ta réponse a été la plaisanterie stupide que maintenant les verres tomberont du plateau du sommelier. Cela s'est

113

passé il y a quelques siècles et tout a été oublié, évidemment. Tout ce que tu as retenu de Newton c'est qu'il a vu « tomber une pomme » ; quant à Rousseau, il voulait « revenir à la nature ». De Darwin tu as retenu « la survie du plus fort », mais non « ta descendance du singe ». Tu aimes citer le « Faust » de Goethe, mais tu n'y comprends pas plus qu'un chat aux math' élém'. Tu es stupide et vaniteux, ignorant et simiesque, petit homme! Mais tu es passé maître dans l'art d'esquiver l'essentiel et de retenir l'erreur. Je te l'ai déjà dit. Tu exposes ton Napoléon, petit bonhomme galonné d'or, qui ne nous a rien laissé sauf le service militaire obligatoire, dans toutes les librairies, en grands caractères dorés, mais mon Kepler, qui a pressenti ton origine cosmique, ne figure dans aucune bibliothèque. Voilà pourquoi tu n'arrives pas à te dépêtrer du bourbier, petit homme! C'est pourquoi je te réprimande sévèrement quand tu t'imagines que j'ai sacrifié vingt années de ma vie et une fortune pour te « suggérer » l'existence de l'énergie cosmique. Non, petit homme, en consentant ce sacrifice, j'ai réellement appris à guérir la peste dans ton corps. Cela, tu ne veux pas le croire. N'as-tu pas dit un jour en Norvège que « quelqu'un qui dépense tant d'argent pour des expériences doit être détraqué » ? Tu ne peux t'imaginer que quelqu'un puisse côtoyer un représentant de l'autre sexe sans aussitôt envisager un « tour de lit ». Je t'ai compris : tu juges d'après toi-même. *Tu sais seulement prendre sans donner.*

Je te respecterais si tu étais un voleur de bonheur *d'envergure* ; mais tu es un chipoteur lâche et misérable. Tu es malin, mais souffrant de constipation psychique, tu es incapable de créer. Ainsi, tu vas voler un os pour le ronger dans un coin, selon une formule de Freud. Tu te précipites sur l'homme généreux, sur celui qui distribue joyeusement ses biens, pour le spolier, mais c'est toi le pervers et le corniaud et tu infliges à l'homme généreux ces noms. *Tu te gorges de son savoir, de son bonheur, de sa grandeur, mais tu ne peux digérer ce que tu as englouti.* Tu le rechies aussitôt et la puanteur est épouvantable. Or, pour préserver ta dignité après l'avoir volé, tu salis l'homme généreux, tu le traites de fou, de charlatan, de « corrupteur de l'âme enfantine ».

Parlons-en, petit homme : Tu te rappelles (tu étais le président d'une société de savants) avoir répandu le bruit que je faisais assister des enfants à l'acte sexuel ? C'était après la publication de mon premier article sur les droits sexuels des enfants. Une autre fois (tu étais à cette époque le président intérimaire d'une « Association culturelle » berlinoise), tu répandis le bruit que je conduisais des fillettes en voiture dans les bois pour les séduire. Je n'ai jamais séduit des adolescentes, petit homme ! Ces accusations sont le fruit de ton imagination obscène ; j'aime ma bien-aimée, j'aime ma femme. A la différence de toi, je suis capable d'aimer ma femme et je n'ai pas besoin, comme toi, de séduire de petites filles dans les bois.

Et toi, petite adolescente, ne rêves-tu pas de ton héros de cinéma ? Ne dors-tu pas avec sa photo sous l'oreiller ? Ne fais-tu pas tout pour l'approcher, pour le séduire en prétendant que tu as dix-huit ans ? Puis, tu portes plainte, tu l'accuses de viol, ton héros de cinéma. Il sera acquitté ou condamné, et tes grand-mères embrassent les mains de ton héros de cinéma. Comprends-tu petite fille ?

Tu voulais coucher avec ton héros de cinéma, mais tu n'avais pas le courage d'en assumer la responsabilité. Tu as préféré l'accuser de viol et jouer le rôle de la pauvre fille violée. C'est aussi ton cas, pauvre femme violée, qui as éprouvé plus de plaisir avec ton chauffeur qu'avec ton mari. Petite femme blanche, n'est-ce pas toi qui as séduit

La Fille de telle ou telle Révolution.

le chauffeur noir, l'homme qui a su préserver sa sexualité saine et naturelle ? Puis, tu l'as dénoncé pour viol ; pauvre petite créature, victime d'un homme d'une « race inférieure ». Toi, tu es pure, blanche, tes ancêtres ont traversé l'océan à bord du « Mayflower » ; tu es la « Fille de telle ou de telle Révolution », d'un homme du Nord ou du Sud, dont le grand-père s'est enrichi en pratiquant la traite des Noirs, kidnappés dans la jungle libre ! Comme tu es innocente, pure, blanche, sans le moindre désir de posséder un Noir, pauvre petite femme! Tu n'es qu'une lâche, misérable descendante d'une race dégénérée de chasseurs d'esclaves, de quelque cruel Cortez qui attira dans ses filets des milliers d'Aztèques confiants pour les canarder lâchement.

Pauvres filles de telle ou telle révolution. Que savez-vous de l'émancipation? Que savez-vous des aspirations de révolutionnaires américains, de Lincoln qui a libéré vos esclaves que vous avez livrés « à la libre concurrence de l'économie de marché ». Regardez-vous dans une glace. Vous y reconnaîtrez, aussi anodines et innocentes, les « filles de la Révolution russe »!

Si vous aviez été capables de donner une seule fois votre amour à un homme, vous auriez sauvé la vie à plus d'un nègre, à plus d'un Juif, à plus d'un travailleur. Comme vous tuez dans les enfants votre propre vie, ainsi vous tuez dans les Noirs votre rêve d'amour, votre désir du plaisir devenu obscénité et pornographie. Je vous connais, filles et femmes de la haute finance. Vos organes génitaux dégénérés sont le berceau de vilenies sans nom! Non, fille de telle ou de telle révolution, je ne brigue pas un poste de LL. D. ou de commissaire. Je laisse ce soin à vos animaux raidis en robes et en uniformes. J'aime mes oiseaux, mes chevreuils, mes belettes, qui sont proches du Nègre. Je songe aux Nègres de la brousse et non à ceux de Harlem en faux-col et redingote! Je ne songe pas aux grasses Négresses parées de boucles d'oreilles dont le plaisir frustré s'est transformé en graisse superflue. Je songe aux filles sveltes et souples des mers du Sud dont un débauché de telle ou telle armée abuse ; filles qui ignorent que tu prends leur pur amour comme tu prendrais une putain dans un bordel.

Non, fillette, tu aspires à la vie qui n'a pas encore compris qu'elle est exploitée et méprisée. Mais ton heure approche! Tu ne remplis plus la fonction d'une vierge au service de la race allemande. Tu continues à vivre comme vierge russe au service de ta classe, ou comme fille de la Révolution américaine. Dans 500 ou 1 000 ans, quand des filles et des garçons bien portants jouiront de l'amour et le protégeront, il ne restera de toi qu'un souvenir ridicule.

N'as-tu pas fermé tes salles de concert à Marian Anderson, à la voix de la vie, toi, petite femme rongée par le cancer? Son nom chantera pendant des siècles lorsque le tien se sera évanoui. Je me demande si Marian Anderson *pense* aussi en fonction des siècles ou si elle interdit aussi l'amour à son enfant? Je l'ignore. La vie avance par grands et par petits bonds! Elle se contente de la vie. Elle s'est retirée de toi, petite femme rongée par le cancer.

Tu as répandu le conte de fée, petite femme, que tu représentes « LA SOCIÉTÉ », et ton petit mari l'a gobé. Or, il n'en est rien. Il est vrai que tu annonces tous les jours dans les journaux chrétiens et juifs quand ta fille compte étreindre tel homme ; mais cela n'intéresse aucune personne tant soit peu sérieuse. La « société » c'est *moi*, le *charpentier*, le *jardinier*, le *maître d'école*, le *médecin*, l'*ouvrier d'usine*. La société ce n'est pas toi, petite femme rongée par le cancer, raide, au masque rigide. Tu n'es pas la vie, tu es sa caricature! Mais je comprends fort bien pourquoi tu te retires dans ta forteresse luxueuse. Tu ne pouvais rien faire d'autre face à la mesquinerie des charpentiers, des jardiniers, des médecins, des maîtres d'école, des ouvriers d'usine. Étant donné cette peste, c'était la chose la plus sage à faire. Mais ta bassesse, ta mesquinerie s'est glissée dans tes os, avec ta constipation, tes rhumatismes, ta rigidité de masque, ton refus de la vie. Tu es malheureuse, pauvre petite femme, parce que tes fils vont au-devant du désastre, tes filles se débauchent, tes maris se dessèchent, ta vie pourrit avec tes tissus. Tu ne peux pas me raconter d'histoires, petite fille de la Révolution : je t'ai vue nue.

Tu es lâche, tu as toujours été lâche. Tu tenais le bonheur de l'humanité entre tes mains, tu as tout gaspillé. Tu as mis au monde des Présidents, tu leur as donné ta mentalité mesquine. Ils se font photographier et reproduire sur des médailles, ils sourient en permanence, mais ils n'osent appeler la vie par son nom, petite fille de la Révolution! Tu portais le monde dans tes mains, et tu as lâché des bombes atomiques sur Hiroshima et Nagasaki ; à vrai dire, c'est ton fils qui les a lâchées. Tu as lâché ta pierre tombale, petite femme rongée par le cancer. Avec une seule bombe, tu as expédié dans le silence du tombeau ta classe et ta race tout entière. Car tu n'as pas eu assez de sentiments humains pour lancer un avertissement aux hommes, aux femmes, aux enfants d'Hiroshima et de Nagasaki. Tu n'as pas eu la grandeur d'âme d'être hu-

maine! C'est pourquoi tu disparaîtras silencieuse-
ment, comme une pierre s'enfonçant dans l'océan.
Peu importe ce que tu penses ou dis maintenant,
petite femme qui a mis au monde des généraux
idiots. D'ici cinq cents ans on se moquera de toi,
on s'étonnera. Qu'on ne le fasse pas déjà aujourd'hui
est une des preuves de la misère de ce monde!

Je sais ce que tu vas me répondre, petite femme.
Les apparences militent en ta faveur; il fallait
« défendre le pays ». J'ai entendu la même chanson
déjà dans la vieille Autriche. As-tu jamais entendu
un cocher de fiacre viennois crier : « Hourra, mein
Kaiser! »? Non? Tu n'as qu'à écouter ta propre
voix; c'est la même chose. Non, petite femme, je
n'ai pas peur de toi. Tu ne peux rien contre moi.
Il est vrai que ton gendre est l'adjoint du représentant du Ministère Public, que ton neveu est
l'adjoint du percepteur. Tu les invites à prendre
une tasse de thé et tu leur glisses un mot. Il veut
devenir District Attorney ou percepteur principal et
cherche une victime « de la légalité et de l'ordre ».
Je sais fort bien comment ces choses se manigancent.
Mais tout cela ne te sauvera pas de la culbute finale,
petite femme. Ma vérité est plus forte que toi!

« C'est un fanatique monomaniaque! Est-ce que
je n'ai *aucune* fonction dans la société? »

Je vous ai simplement montré en quoi vous
êtes *petits* et *vils*, petits hommes et petites femmes!
Je n'ai même pas mentionné votre utilité et votre
importance. Est-ce que vous croyez que je vous
aurais parlé au risque de ma vie, si vous étiez négligeables? Votre petitesse et votre bassesse sont
d'autant plus effrayantes que vous assumez de

terribles responsabilités. On dit que vous êtes stupides ; moi, je prétends que vous êtes intelligents mais *lâches*. On dit que vous êtes le fumier de la société humaine ; moi, je dis que vous êtes sa semence. On dit que la culture a besoin d'esclaves. Moi, je dis qu'aucune culture n'a été édifiée sur l'esclavage. Cet affreux xxᵉ siècle a ridiculisé toutes les théories culturelles depuis Platon. *La culture humaine n'a pas encore vu le jour, petit homme !* Nous commençons seulement à comprendre les horribles déviations et la dégénérescence pathologique de l'animal humain. Ces « propos adressés au petit homme », ou d'autres textes décents, sont à la culture des millénaires à venir ce que l'invention de la roue était, il y a mille ans, à la locomotive diesel moderne !

Tes perspectives sont infiniment trop petites, petit homme, tu ne vois pas plus loin que du petit déjeuner au déjeuner. Tu devras apprendre à embrasser par ta pensée de vastes espaces, les siècles passés comme les millénaires à venir. Tu devras apprendre à penser en fonction de la vie, à considérer *ton* évolution depuis la première molécule de protoplasme jusqu'à l'animal humain qui sait marcher en position verticale, mais qui ne sait pas encore penser correctement. Tu n'as même pas gardé le souvenir d'événements qui se sont passés il y a dix ou vingt ans, et tu répètes les mêmes âneries que les hommes ont débitées il y a 2 000 ans et davantage. Pis, tu t'accroches à des insanités telles que « race », « classe », « nation », « contrainte religieuse », « interdiction d'aimer », comme un pou s'accroche à une fourrure. Tu n'oses pas mesurer du regard la profondeur de ta misère. De temps en temps, ta tête émerge du bourbier et tu cries« heil! ». Le coassement d'une grenouille dans une mare est plus près de la vie!

De temps en temps, ta tête émerge du bourbier et tu cries« heil !»

« Pourquoi ne me tires-tu pas du bourbier? Pourquoi ne prends-tu pas part à mes réunions de parti, à mes parlements, à mes conférences diplomatiques? Tu es un traître! Tu as lutté et souffert pour moi, tu as consenti de grands sacrifices. Maintenant, tu m'insultes! »

Je suis incapable de te tirer du bourbier. Tu es le seul qui puisses le faire. Je n'ai jamais participé à des meetings et réunions, parce que tu n'y fais que crier : « A bas l'essentiel! Discutons de l'accessoire!» Il est vrai que j'ai lutté pour toi pendant vingt-cinq ans, que j'ai sacrifié ma sécurité professionnelle et la chaleur du nid familial ; j'ai donné pas mal d'argent à tes organisations, j'ai même pris part à tes « marches de la faim » et à tes parades. Je t'ai donné des milliers de consultations médicales, sans la moindre contrepartie ; je suis allé d'un pays à l'autre pour toi et souvent à ta place, pendant que tu criais à tue-tête I-ah, I-ah, allala! J'étais prêt à mourir pour toi quand je te promenais en voiture en luttant contre la peste politique, alors qu'on me menaçait de mort ; quand tes enfants ont manifesté, je les ai protégés des attaques de la Police ; j'ai dépensé tout mon argent pour installer des dispensaires psychiatriques destinés à te prodiguer aide et conseils. Tu m'as tout pris et tu ne m'as jamais rien rendu! Tu voulais être sauvé, mais au cours de ces trente années affreuses, tu n'as jamais formulé une seule pensée féconde. A la fin de la Deuxième Guerre mondiale, tu n'avais pas avancé d'un pouce par rapport à la période d'avant-guerre. Tu te trouvais peut-être un peu plus à « gauche » ou à « droite », *mais tu n'as pas* AVANCÉ *d'un millimètre*! Tu as gaspillé tout le profit de la Révolution française ; de la Révolution russe, plus importante encore, tu as fait un cauchemar pour le monde entier! Ton horrible défaillance, que seuls des cœurs généreux peuvent comprendre sans te haïr et te mépriser, a plongé dans un désespoir immense tous ceux qui étaient disposés à tout sacrifier pour toi. Pendant ces années atroces, pendant un demi-siècle d'horreur, tu n'as prononcé que des platitudes, tu n'as pas dit un seul mot intelligent.

Je n'ai pas perdu courage, car pendant ce temps,

j'ai appris à mieux connaître ta maladie. J'ai compris que tu ne pouvais agir et penser autrement. J'ai vu ta peur mortelle de la vie en toi, une peur qui te remet sans cesse sur la bonne voie et t'égare ensuite. Tu ne comprends pas que la connaissance mène à l'*espoir*. Tu aspires l'espoir, mais tu ne donnes pas l'espoir aux autres. C'est pourquoi tu m'as appelé, face à la décadence complète de ton monde, un « optimiste », petit homme. Oui, je suis un optimiste, je mise sur l'avenir. Pourquoi? me demandes-tu. Je vais te le dire :

Tant que je m'attachais à toi, tel que tu étais, j'ai toujours ressenti comme un choc ton étroitesse d'esprit. Des milliers de fois j'ai oublié le mal que tu m'as fait quand j'ai essayé de t'aider, et des milliers de fois tu m'as rappelé ta maladie. Puis, j'ai enfin ouvert les yeux et je t'ai regardé en face. Ma première réaction a été le mépris et la haine. Mais peu à peu j'ai appris à *comprendre* ta maladie, et cette compréhension a fini par effacer mon mépris et ma haine. Je ne t'en voulais plus d'avoir ruiné le monde par ta première tentative d'en assumer le gouvernement. J'avais compris qu'il ne pouvait en être autrement, puisque, pendant des millénaires, tu as été empêché de vivre la vie telle qu'elle est.

J'ai découvert la loi du fonctionnement de la vie, petit homme, pendant que tu criais « il est fou ». Tu étais à cette époque un petit psychiatre, tu avais travaillé dans un mouvement de jeunesse, mais la maladie cardiaque te menaçait, puisque tu étais impuissant. Plus tard, tu es mort de chagrin, car pour peu qu'on ait un grain d'honnêteté en soi,

124

J'ai enfin ouvert les yeux et je t'ai regardé en face.

on ne peut voler et calomnier impunément. Or, tu as gardé un reste d'honnêteté dans quelque recoin de ton âme, petit homme! Quand tu croyais me donner le coup de pied de l'âne, tu t'imaginais que j'étais au bout de mon rouleau, car tu savais que j'avais raison et que tu étais incapable de me suivre. En me voyant me redresser comme un poussah, plus fort, plus lumineux, plus déterminé que jamais, la terreur te terrassa. En mourant, tu compris que j'avais sauté par-dessus les abîmes et les fossés que tu avais creusés pour me faire trébucher. N'as-tu pas présenté *ma* doctrine comme la *tienne* dans tes organisations craintives? Eh bien, les personnes honnêtes de ton organisation étaient informées; je le sais parce qu'elles me l'ont dit. Non, petit homme, en cherchant des biais, on creuse sa propre tombe.

Comme tu menaces toute vie, comme il est impossible de s'en tenir en ta présence à la vérité sans recevoir un couteau dans le dos ou de la merde dans la figure, j'ai pris mes distances. Je le répète : je me suis éloigné de toi mais non de ton avenir. Je n'ai pas abandonné l'humanité, mais ton inhumanité et ta bassesse.

Je suis toujours disposé à consentir des sacrifices pour la *vie* agissante, mais plus pour toi, petit homme! Il y a peu, je me suis rendu compte que j'ai commis pendant vingt-cinq ans une erreur immense : je me suis dépensé pour toi et ta vie parce que je croyais que *tu* étais la vie, le progrès, l'avenir, l'espoir. D'autres personnes animées de la même droiture et de la même véracité pensaient également trouver la vie en toi. Toutes ont péri.

L'ayant compris, j'ai décidé de ne pas me laisser tuer par ton étroitesse d'esprit et ta bassesse. Car il me reste des affaires importantes à régler. *J'ai découvert la vie, petit homme.* Je ne peux plus longtemps te confondre avec la vie que j'ai sentie en toi et cherchée en toi.

Ce n'est qu'en établissant une ligne de partage claire et nette entre la vie, ses fonctions et ses caractéristiques, et ton genre d'existence, que je contribuerai efficacement à la sauvegarde de la vie et de *ton* avenir. Je sais qu'il faut du courage pour te désavouer. Mais je pourrai travailler pour l'avenir, parce que je ne ressens aucune compassion pour toi, et parce que je ne tiens pas à être porté sur le pavois par toi, comme tes misérables Führer.

Depuis quelque temps, la vie commence à se révolter quand on en abuse. C'est là le commencement de ton brillant avenir et la fin atroce de la petitesse de tous les petits hommes. Car nous avons fini par démasquer les méthodes de la peste émotionnelle. Elle accuse la Pologne de faire des préparatifs de guerre quand elle est sur le point de l'attaquer. Elle attribue au rival des intentions meurtrières quand elle s'apprête à l'assassiner. Elle reproche à la vie saine des perversions sexuelles quand elle a l'intention de se livrer à quelque projet pornographique.

On t'a démasqué, petit homme, et on a jeté un regard derrière la façade de ta bassesse et de ton minabilisme. On veut que tu *détermines le cours du monde* par ton *travail* et tes *réalisations* ; mais on ne veut pas que tu remplaces un tyran par un autre pire que le premier. On commence à exiger

127

que tu te soumettes plus strictement, petit homme, aux règles de la vie, comme tu l'exiges des autres, que tu t'amendes toi-même avant de critiquer. On connaît mieux ta manie de cancaner, ta cupidité, ton refus de toute responsabilité, bref de ta maladie qui empeste le monde. Je sais que tu

Tu es brutal derrière ton masque de sociabilité et de gentillesse.

n'aimes pas entendre ces vérités et que tu préfères crier « heil », toi qui prétends assurer l'avenir du prolétariat et du « Quatrième Reich ». Mais je suis certain que tu réussiras moins bien que par le passé. Nous avons découvert la clef de ton comportement pendant des millénaires. Tu es brutal, petit homme, derrière ton masque de sociabilité et de gentillesse. Tu ne peux passer une demi-journée avec moi sans montrer le bout de l'oreille. Tu ne me crois pas ? Je vais rafraîchir ta mémoire :

Tu te souviens sans doute de cet après-midi

lumineux où tu vins me voir, cette fois-là sous les traits d'un bûcheron en quête de travail. Mon petit chien te renifla amicalement et sauta autour de toi. Tu reconnus en lui le fils d'un splendide chien de chasse. Tu me dis : « Pourquoi ne l'attaches-tu pas pour qu'il devienne méchant ? Ce chien est beaucoup trop accueillant ! » Je répondis : « Je n'aime pas les chiens méchants qu'on attache. Je n'aime pas les chiens méchants ! » Mon cher petit bûcheron, j'ai plus d'ennemis que toi, mais je préfère que mon chien soit aimable avec tout le monde !

Tu te souviens sans doute de ce dimanche pluvieux, quand, accablé en pensant à ta rigidité biologique, j'avais cherché refuge dans un bar. J'avais pris place à une table et commandé un whisky (non, petit homme, je ne suis pas un pochard, même si je bois de temps en temps un verre). Bien, j'avais donc commandé un « higball ». Tu venais de rentrer au pays, tu avais un peu trop bu, tu parlais des Japonais comme de « vilains singes ». Puis, tu disais avec cette expression du visage que tu prenais parfois pendant les consultations dans mon cabinet : « Tu sais ce qu'on devrait faire de tous ces « Japs » de la Côte occidentale ? On devrait les pendre, pas d'un coup mais lentement, en resserrant le nœud toutes les cinq minutes... » Et tu illustrais ton propos d'un geste de la main, petit homme. Le garçon approuvait de la tête et admirait ton mâle héroïsme. Est-ce que tu as déjà tenu un bébé japonais entre tes bras, petit patriote ? Non ! Pendant des siècles tu pendras des espions japonais, des pilotes américains, des paysannes russes, des officiers allemands, des anarchistes anglais, des communistes grecs ; tu les passeras par les armes, tu les électrocuteras, tu les feras périr dans tes chambres à gaz ; mais cela ne changera rien à la constipation de tes boyaux et de ton esprit, à ton inaptitude à l'amour, à tes rhumatismes, à tes maladies mentales. Tu ne te sortiras pas du bourbier en pendant et en assassinant. Plonge ton regard dans ton âme, petit homme. C'est là ton seul espoir.

Tu te souviens sans doute du jour, petite femme, où tu te tenais dans mon cabinet de consultation, pleine de haine pour l'homme qui t'avait quittée. Pendant des années, tu l'avais écrasé sous ton talon, avec ta mère, tes tantes, tes petits-neveux, tes cousins, mais il avait commencé à se rétrécir, car il t'entretenait, toi et toute ta parentaille. Finalement, il déchira ses liens dans un dernier effort pour sauver son sentiment de la vie ; et comme il n'avait pas la force de se détacher intérieurement de toi, il était venu me consulter. Il payait sans broncher ta pension alimentaire, les trois quarts de ses revenus, comme l'exige une loi qui punit ceux qui aiment leur liberté. Car cet homme était un grand artiste, et l'art ne supporte pas plus que la science les chaînes. Tout ce que tu voulais, c'était d'être entretenue par l'homme que tu détestais, bien que tu aies un métier et un emploi. Tu savais que j'allais l'aider à se défaire d'obligations injustifiées. Alors tu as piqué une de ces rages ! Tu m'as menacé de la police. Tu disais que je voulais, moi, lui soutirer de l'argent, parce que je faisais tout ce que je pouvais pour l'aider dans sa

130

détresse. Ainsi, tu m'as attribué les intentions infâmes que tu nourrissais toi-même, pauvre petite femme. Tu n'as jamais songé à améliorer ta situation professionnelle, car cela t'aurait rendue indépendante de l'homme que pendant des années tu n'as fait que détester. T'imagines-tu que c'est par de telles méthodes qu'on édifie un monde nouveau ? Tu entretiens de bonnes relations avec les socialistes, m'a-t-on dit, qui savent sur moi un « tas de choses ». Tu ne sais pas que tu représentes un *certain type*, qu'il existe des millions de femmes de ton espèce qui ruinent le monde. Oui, oui, je sais : tu es « faible », « esseulée », trop liée à ta mère, « désarmée devant la vie », tu détestes même ta haine, tu vis en conflit avec toi-même, tu es désespérée. C'est pourquoi tu ruines la vie de ton mari, petite femme! Tu te laisses emporter par le courant de la vie, telle qu'elle est aujourd'hui. Je sais aussi que tu trouveras l'appui de plus d'un juge, de plus d'un procureur de l'État, car ils ne savent comment te tirer de ta détresse.

Je te vois et je t'entends, petite fonctionnaire dans une quelconque administration de l'État : tu étais chargée de dresser le procès-verbal de mes occupations passées, présentes et futures, de mes opinions sur la propriété privée, sur la Russie, sur la démocratie. Je te dis que je suis membre d'honneur de trois sociétés scientifiques et littéraires, y compris l' « International Society for *Plasmogeny* ». L'employé de service n'en revient pas. A la prochaine occasion, il me lance : « Il y a là quelque chose de bizarre. Il est marqué dans le procès-verbal que vous êtes membre d'honneur de la

Société Internationale de *Polygamie*. Est-ce exact ? »
Et nous rions tous les deux de la petite femme à
l'imagination trop vive. Est-ce que tu comprends
pourquoi les gens me calomnient ? A cause de *ton
imagination* et non à cause de mon genre de vie.
Tout ce que tu as retenu de Rousseau, c'est qu'il
prêchait le « retour à la nature » et qu'il négligeait
ses enfants au point de les confier à un orphelinat ?
Tu es perverti dans l'âme, car tu ne vois jamais
que ce qui est bas et vil, tu ignores ce qui est beau.
« Écoutez-moi. Je l'ai vu baisser ses stores à
1 heure du matin. C'était pour faire quoi ? Pendant
la journée, ses stores sont toujours levés. Il y a là
anguille sous roche ! »

Ces méthodes-là ne te protégeront pas de la
vérité ! Nous les connaissons. Ce ne sont pas mes
stores qui t'intriguent, mais tu veux empêcher la
vérité de se faire connaître. Tu veux continuer de
jouer ton rôle de délateur et de dénonciateur, de
faire jeter en prison ton voisin innocent parce qu'il
ne vit pas comme toi, parce qu'il ne te salue pas
assez bas. Tu es très curieux, petit homme, tu
aimes espionner et dénoncer. Tu te sens à l'abri du
fait que la police ne divulgue jamais les noms de
ses mouchards.

« Écoutez-moi, vous autres contribuables ! Voilà
un professeur de philosophie. L'université de notre
ville veut lui confier une chaire pour qu'il puisse
enseigner les jeunes. Envoyez-le au diable ! »

Et la brave ménagère qui paie aussi ses impôts
lance une pétition contre le maître de la vérité et
le maître n'obtient pas son poste. Tu es plus puissante que quatre mille années de philosophie de

la nature, petite ménagère honnête, génitrice de patriotes! Mais on commence à percer tes agissements, et ton règne prendra bientôt fin.

« Écoutez, vous tous que la moralité publique ne laisse pas indifférents! Dans la maison un peu plus loin, habite une mère avec sa fille. La fille reçoit tous les soirs son ami. Faites arrêter la mère pour proxénétisme. La morale doit être protégée! »

Cette mère est traduite en justice parce que toi, petit homme, tu fais le mouchard dans le lit des autres! Tu as jeté le masque. Nous connaissons ton souci « de la morale et de l'ordre public ». En réalité, tu essaies de pincer les fesses de chaque servante d'auberge! OUI, NOUS VOUDRIONS QUE NOS FILS ET NOS FILLES PUISSENT JOUIR EN PLEIN JOUR DES JOIES D'UN AMOUR HEUREUX AU LIEU D'ÊTRE OBLIGÉS DE SE CACHER, DE S'AIMER DANS QUELQUE CHEMIN PEU ÉCLAIRÉ OU DANS QUELQUE SOMBRE RUELLE! Nous voudrions qu'on respecte les pères et mères honnêtes et courageux qui comprennent et protègent l'amour de leurs jeunes fils et filles. Car ces pères et mères sont les protecteurs de la génération future, saine de corps et de sens, sans trace d'imagination malsaine, à la différence de toi, petit homme impuissant du XXᵉ siècle.

« Voulez-vous que je vous raconte la dernière? Je connais un homme qui a été le consulter; il a été attaqué homosexuellement et a dû se sauver, sans pantalon! »

Une salive obscène coule de ta bouche quand tu racontes cette « histoire vraie ». Est-ce que tu sais qu'elle a fleuri sur *ton* fumier, qu'elle est le fruit de ta constipation et de ta luxure? Je n'ai jamais eu

Moraliste à l'affût de l'énergie d'orgone.

de désirs homosexuels comme toi ; je n'ai jamais
songé comme toi à séduire de petites filles ; je n'ai
jamais violé de femmes comme toi ; je n'ai jamais
souffert de constipation comme toi ; je n'ai jamais
volé l'amour comme toi, je n'ai jamais étreint que
des femmes dont je voulais et qui voulaient de
moi ; je ne me suis jamais exhibé en public comme
toi ; je n'ai pas une imagination morbide comme
toi, petit homme !

« Écoutez ! Il a molesté sa secrétaire si bien
qu'elle a dû s'enfuir. Il a vécu avec elle dans une
maison aux stores baissés ; il a laissé la lumière
allumée jusqu'à trois heures du matin ! »

Selon toi, De Mettrie était un sybarite qui est
mort étouffé en mangeant un pâté ; le prince héritier Rudolf a fait un mariage morganatique ;
Madame Eleanor Roosevelt était dérangée ; le rec-
teur de l'université de X a surpris sa femme avec
un homme ; l'instituteur de tel ou tel village a une
maîtresse. Voilà des choses que tu racontes, toi,
petit homme, toi, citoyen misérable, qui as gâché ta
vie depuis deux mille ans et n'es jamais sorti du
bourbier !

« Arrêtez-le, c'est un espion allemand, peut-être
même un espion russe ou islandais ! Je l'ai vu à
3 heures de l'après-midi à New York dans la
86e rue, au bras d'une femme ! »

Est-ce que tu as déjà vu une punaise, petit homme,
à la lumière d'une aurore boréale ? Non ? C'est bien
ce que je pensais. Un jour, il y aura des lois sévères
contre les punaises humaines, *des lois protégeant la
vérité et l'amour*. Tout comme tu envoies aujourd'hui
les jeunes gens amoureux dans une maison de redres-

Puissance orgastique ? Vraisemblablement.

sement, on t'enverra dans une maison spécialisée si tu salis la réputation d'un honnête homme. Il y aura des juges et un ministère public qui ne se contenteront pas d'un simulacre de justice, mais qui administreront une justice authentique et humaine. *Il y aura des lois sévères pour la protection de la vie* auxquelles tu devras te conformer même si tu les détestes. Je sais que pendant les trois, cinq ou dix siècles à venir, tu continueras à répandre la peste émotionnelle, la calomnie, l'intrigue, la diplomatie, l'inquisition. Mais un jour, tu seras vaincu par ton propre sens de l'honnêteté qui, actuellement, est si profondément enfoui dans ton être que tu ne peux y accéder.

Je te le dis : aucun empereur, aucun tsar, aucun Père de tous les prolétaires n'a pu te vaincre. Tout ce qu'ils ont pu faire, c'est te réduire en esclavage ; ils n'ont pu te libérer de ta mesquinerie. *Mais c'est ton sens de la propreté, ta nostalgie de la vie, qui auront raison de toi.* Je n'en doute pas, petit homme. Débarrassé de ta petitesse et de ta mesquinerie, tu te mettras à *penser*. Il va sans dire que cette pensée sera d'abord misérable, fausse, sans but ; mais tu finiras par penser sérieusement. Tu apprendras à supporter la douleur que toute pensée comporte, comme j'ai dû supporter, moi et d'autres, pendant des années en silence, les dents serrées, la peine qu'entraîne toute pensée *dont tu es l'objet*. C'est grâce à notre douleur que tu apprendras à penser. Dès que tu auras commencé à penser, tu seras pris d'étonnement en survolant du regard les derniers quatre mille ans de « civilisation ». Tu ne comprendras pas comment tes journaux ont pu être pleins de parades, de remises de décorations, de fusillades, d'exécutions capitales, de diplomatie, de chicanes, de mobilisations, de démobilisations, de remobilisations, de pactes, de manœuvres, de bombardements, sans te faire perdre patience. Tu aurais découvert le pot aux roses si tu avais au moins avalé toute cette littérature. Mais tu ne comprendras pas de sitôt comment tu as pu pendant des siècles répéter ces choses, pensant que tes idées justes étaient fausses et tes idées fausses patriotiques. Tu auras honte de ton histoire, et c'est là la seule garantie sérieuse que tes petits-enfants ne seront pas obligés de lire ton histoire militaire. En ce temps-là, il ne sera plus possible pour toi de faire une grande révolution faisant naître un « Pierre le Grand ».

REGARD VERS L'AVENIR.

Je suis incapable de te dire de quoi sera fait l'avenir. Je ne sais si tu pourras atteindre la Lune ou Mars à l'aide de l'orgone cosmique que j'ai découvert. Je ne sais pas non plus comment volera ou atterrira ton engin spatial, ni si tu recourras à l'énergie solaire pour éclairer la nuit tes maisons, ou si tu seras à même d'avoir un récepteur encastré dans les murs de ta maison, te permettant de parler d'Australie à Bagdad. Mais je peux te dire avec certitude ce que tu NE FERAS PLUS d'ici 500, 1 000 ou 5 000 ans.

« Écoutez-moi ce visionnaire ! Il sait ce que je ne ferai pas ! Est-ce un dictateur ? »

Je ne suis pas un dictateur, petit homme, bien que ta petitesse m'eût permis d'accéder facilement à ce poste. Tes dictateurs peuvent seulement te dire ce que *tu ne peux pas* faire dans le présent sans être envoyé dans une chambre à gaz. Mais ils ne peuvent pas te dire ce que tu feras dans un avenir lointain, de même qu'ils ne peuvent accélérer la croissance d'un arbre.

« D'où tires-tu ta sagesse, serviteur intellectuel du prolétariat révolutionnaire ? »

De ta propre profondeur, prolétaire éternel de la raison humaine !

« Écoutez-moi ça ! Il puise sa sagesse de ma propre profondeur. Or, je n'ai pas de profondeur... ! D'ailleurs, le mot « profondeur » est d'essence individualiste... »

Si, petit homme, tu as de la profondeur en toi, mais tu l'ignores. Tu as une peur mortelle de ta profondeur, c'est pourquoi tu ne la sens ni ne la vois. C'est pourquoi tu es pris de vertige et tu chancelles comme au bord d'un abîme, quand tu aperçois ta propre profondeur. Tu as peur de tomber et de perdre ainsi ton « individualité » si jamais tu obéis aux pulsions de ta nature. Quand, avec la meilleure bonne foi, tu tentes de parvenir à toi-même, tu ne trouves jamais que le petit homme cruel, envieux, goulu, voleur. Si tu n'étais pas profond dans ta profondeur, je n'aurais pas rédigé ce texte. Je connais ta profondeur, je l'ai découverte quand tu venais me voir pour confier au médecin tes misères. C'est cette profondeur en toi qui est ton avenir. C'est pourquoi je suis capable de te dire ce que tu ne feras plus à l'avenir, parce que tu ne comprendras plus comment tu as pu faire ces choses pendant 4 000 ans d'anti-culture. Veux-tu m'écouter ?

« D'accord. Pourquoi n'écouterais-je pas le récit d'une gentille petite utopie ? Il n'y a rien à faire, cher Docteur ! Je suis et je resterai toujours le petit gars du peuple, l'homme de la rue, qui n'a pas d'opinion personnelle. Qui suis-je pour avoir... »

Une fois de plus, tu cherches un alibi dans la légende du « petit homme », parce que tu as peur d'être entraîné par le courant de la vie et d'être *obligé de nager*, ne fût-ce que pour tes enfants et tes petits-enfants.

La première chose que tu ne feras plus sera de dire que tu es le petit homme sans opinion ; tu ne diras plus : « Qui suis-je pour avoir... » Tu *as* une opinion personnelle et tu auras honte à l'avenir de l'*ignorer*, de *ne pas* la défendre, de *ne pas* l'exprimer.

« Mais que dira l'opinion publique de mon opinion ? Je serai écrasé comme un ver si j'énonce mon opinion. »

Ce que tu appelles l' « opinion publique » est la somme de toutes les opinions de tous les hommes mesquins et de toutes les femmes mesquines. Chaque petit homme et chaque petite femme porte en soi une opinion juste et une opinion fausse. L'opinion fausse est due à la peur qu'ils ont de l'opinion fausse des autres petits hommes et des autres petites femmes. C'est pourquoi l'opinion juste ne parvient pas à percer. Ainsi, par exemple, tu ne seras plus d'avis que tu « ne comptes pas ». Tu sauras à l'avenir que tu es le pilier de la société humaine, et tu proclameras cette conviction. Ne te sauve pas ! N'aie pas peur ! Ce n'est pas si terrible d'être le pilier de la société humaine.

« Que dois-je faire pour être le pilier de la société humaine ? »

Tu n'as rien à faire, rien de nouveau à entreprendre. Tu n'as qu'à faire à l'avenir ce que tu as fait jusqu'ici : labourer ton champ, manier ton marteau, examiner tes malades, accompagner tes enfants à l'école ou au terrain de jeux, rapporter les événements de la journée, approfondir les secrets de la nature. Toutes ces choses, tu les accomplis déjà. Mais tu crois que tout cela a peu d'importance, que seul importe ce que fait le maréchal Decoratus, le Prince Inflatus, le noble chevalier dans son armure étincelante.

« Tu es un utopiste, Docteur ! Ne vois-tu donc pas que le maréchal Decoratus, le Prince Inflatus ont des soldats et des armes pour faire la guerre, pour me forcer au service militaire, pour détruire mes champs, mon laboratoire, mon cabinet de travail ? »

On te force à faire du service militaire, on détruit tes champs et tes usines, parce que tu cries « heil » quand on t'enrôle et quand on tire sur tes biens ! Le Prince Inflatus, le noble Chevalier sans son armure n'auraient ni soldats ni armes si tu savais que le champ doit porter du blé, que l'usine doit fabriquer des souliers et non des armes, que les champs et les usines ne sont pas là pour être détruits, et si tu proclamais à haute voix ce savoir. Car ton maréchal Decoratus et ton Prince Inflatus ignorent tout cela, parce qu'ils n'ont jamais travaillé dans un champ ni dans une usine, ni dans un laboratoire ; parce qu'ils croient que tu t'éreintes pour la gloire de l'Allemagne ou de la Patrie de tous les Prolétaires et non pour vêtir et nourrir tes enfants.

« Que faire alors ? Je déteste la guerre, ma femme se lamente quand je suis appelé sous les drapeaux, mes enfants meurent de faim quand les armées prolétariennes occupent mon pays, les cadavres s'entassent par milliers. Tout ce que je veux, c'est labourer mon champ, jouer après le travail avec mes enfants, aller le dimanche danser ou écouter de la musique. Mais que pourrais-je faire ?

Tu n'as qu'à faire ce que tu as fait jusqu'ici, travailler, donner une enfance heureuse à tes enfants, aimer ta femme. SI TU FAISAIS CELA AVEC DÉTERMINATUON ET PERSÉVÉRANCE, IL N'Y AURAIT PLUS DE GUERRE ; on ne verrait plus tes femmes livrées à la soldatesque sexuellement affamée de la « Patrie de tous les Prolétaires », on ne verrait plus tes enfants, orphelins, mourir de faim dans la rue, tu ne fixerais plus sur quelque « champ d'honneur » lointain le ciel bleu de tes yeux éteints.

« Supposons donc que je travaille tranquillement, que je vive tranquillement pour mes enfants et ma femme et que soudain les Huns, les Allemands, les Japonais, les Russes ou qui sais-je attaquent mon pays. Je suis alors bien obligé de défendre mon foyer ? »

Tu as parfaitement raison, petit homme. Si des Huns de quelque nation que ce soit te tombent dessus, force t'est de prendre ton fusil pour te défendre. Mais ne comprends-tu donc pas que les « Huns » de toutes les nations et de tous les pays ne sont que des millions de petits hommes criant « heil » quand le maréchal Decoratus et le Prince Inflatus, qui eux ne travaillent pas, les appellent sous les drapeaux ; qu'ils croient comme toi être des quan-

tités négligeables, qu'ils demandent comme toi :
« Qui suis-je pour avoir une opinion personnelle ? »

Lorsque tu sauras, petit homme, que *tu es quel-qu'un*, que tu as une opinion personnelle, judicieuse, que ton champ et ton usine sont au service de la *vie* et non de la mort, tu sauras répondre aussi à la question que tu viens de me poser. Tu n'as pas besoin pour cela de diplomates. Au lieu de crier

Qui suis-je pour avoir une opinion personnelle ?

« heil », au lieu de décorer la tombe du « Soldat Inconnu », au lieu de laisser fouler aux pieds ta « conscience nationale » par le Prince Inflatus et le Maréchal de tous les Prolétaires, tu devrais leur opposer ta *confiance en toi* et ta *conscience d'accomplir un travail utile*. (Je connais fort bien le « Soldat Inconnu », petit homme, j'ai eu l'occasion de faire sa connaissance quand j'ai combattu dans les montagnes d'Italie. C'était un petit homme comme toi qui s'imaginait ne pas avoir d'opinion personnelle et qui disait : « Qui suis-je pour avoir, etc... ») Tu pourrais même aller voir ton frère, le petit homme au Japon, en Chine, dans n'importe quel pays de Huns, et lui faire connaître ton opinion judicieuse sur ton travail comme ouvrier, médecin, paysan, père et époux, et tu pourrais lui faire comprendre qu'il rendrait toute guerre impossible s'il s'en tenait à son travail et à son amour.

« Parfait. Mais ils viennent de mettre au point ces « bombes atomiques » dont une seule suffit pour tuer des milliers de gens ! »

Tu n'as pas encore appris à bien penser, petit homme ! Est-ce que tu t'imagines que c'est ton Prince Inflatus, ton noble Chevalier qui fabrique les bombes atomiques ? Une fois de plus ce sont de petits hommes comme toi qui font les bombes atomiques en criant « heil ! » Tu vois, petit homme, tout se ramène toujours à toi, à la justesse de ta pensée. Si tu n'étais pas un tout petit homme, un homme minuscule, toi, génial chercheur du XX⁰ siècle, tu aurais développé une conscience mondiale à la place de ta conscience nationale et tu aurais empêché l'irruption de la bombe atomique dans ce monde ; or, si cela s'est révélé impossible, tu aurais toujours pu élever ta voix pour qu'elle fût mise hors la loi. Tu tournes en rond dans le dédale que tu as toi-même inventé, et tu n'en trouves plus l'issue, parce que tu regardes et tu penses dans la mauvaise direction. Tu as promis à tous ces petits hommes que ton « énergie atomique » guérira leurs cancers et leurs rhumatismes, alors que tu savais fort bien que cela est impossible, que tu avais créé une arme meurtrière et rien d'autre. Agissant de la sorte, tu t'es enfoncé dans le même cul-de-sac que ta physique. *C'en est fait de toi et pour toujours!* Tu sais fort bien, petit homme, que je t'ai fait cadeau de *mon* énergie cosmique et de ses vertus thérapeutiques, mais tu n'en souffles mot et tu continues à mourir de cancer ou de chagrin, et même en mourant tu hurles encore : « Heil! Vive la culture et la technique! » Moi, je te dis, petit homme : c'est les yeux ouverts que tu as creusé ta propre tombe! Tu t'imagines qu'une ère nouvelle s'est levée, l'ère de l'énergie atomique. Elle s'est levée, mais autrement que tu ne le pensais. Non pas dans ton enfer mais dans mon tranquille laboratoire, dans un coin retiré des États-Unis.

Il ne dépend que de toi d'aller ou de ne pas aller à la guerre. Il s'agit simplement de savoir que tu travailles pour la vie et non pour la mort ; que tous les petits hommes sur terre te ressemblent en bien et en mal.

Un jour, tôt ou tard (cela encore dépend uniquement de toi), tu cesseras de crier « heil », de labourer ton champ pour qu'on détruise ton blé, de travailler dans ton usine pour qu'on en fasse la cible des canons. Tôt ou tard, tu refuseras de travailler pour la mort, tu ne travailleras plus que pour la vie.

« Dois-je lancer une grève générale? »

J'ignore si tu dois faire ceci ou cela. La grève générale est un mauvais moyen, car tu t'exposerais au reproche justifié de faire mourir de faim tes

145

propres enfants et ta propre femme. Ce n'est pas en faisant la grève que tu prouves ton sens de la responsabilité des destinées de la société. Si tu fais la grève, petit homme, tu ne *travailles* pas. Or, j'ai dit qu'un jour, tu TRAVAILLERAS pour ta vie, je n'ai pas dit que tu feras la grève. Fais donc la « grève du travail », si tu t'en tiens à ta « grève » ; fais la grève en travaillant pour toi, pour tes enfants, pour ta femme, pour ta bien-aimée, pour ta société, pour ton produit, pour ta ferme. Dis-leur que tu n'as pas le temps de faire la guerre, que tu as mieux à faire! Réserve, près de chaque ville de la terre, une enceinte entourée de murs, derrière lesquels les diplomates et les maréchaux n'ont qu'à s'entretuer à coups de revolver! Voilà ce que tu devrais faire, petit homme, si tu étais disposé à ne plus crier « heil », si tu cessais de penser que tu n'as pas d'opinion personnelle.

Tu tiens tout entre tes mains, ta vie, celle de tes enfants, ton marteau, et ton stéthoscope. Tu hausses les épaules, tu me prends pour un utopiste, peut-être pour un « rouge ». Tu me demandes quand ta vie sera agréable et sûre, petit homme. Voici ma réponse :

Ta vie sera agréable et sûre lorsque la vie comptera plus à tes yeux que la sécurité, l'amour plus que l'argent, ta liberté plus que la « ligne du parti » ou l'opinion publique ; lorsque l'atmosphère de la musique de Beethoven ou de Bach sera l'atmosphère de ta vie (pour le moment elle s'est réfugiée dans un recoin caché de ton être, petit homme); lorsque ta pensée ne sera plus opposée mais accordée à tes sentiments ; lorsque tu prendras conscience à temps de tes dons, lorsque tu apercevras à temps les progrès de l'âge ; lorsque tu vivras les pensées de tes grands hommes et non plus les méfaits de tes grands chefs de guerre ; lorsque les professeurs de tes enfants seront mieux payés que les politiciens ; lorsque tu respecteras plus l'amour entre l'homme et la femme que le certificat de mariage ; lorsque tu reconnaîtras tes erreurs de raisonnement tant qu'il sera temps et non après coup comme maintenant ; lorsque tu ressentiras la plénitude en écoutant la vérité et que tu ressentiras du dégoût pour toute formalité ; quand tu comprendras tes compagnons de travail étrangers sans l'intermédiaire de diplomates ; quand ton cœur sera rempli de joie en voyant le bonheur de ta fille, et non de colère ; lorsque tu ne comprendras plus comment tu as pu punir un jour les petits enfants pour avoir touché leurs organes génitaux ; lorsque les physionomies des hommes dans la rue exprimeront la liberté, l'animation et non plus la tristesse et la misère ; lorsque les humains ne se promèneront plus sur terre avec des bassins rétractés et rigides, des organes sexuels refroidis.

Tu veux des guides, des conseillers, petit homme ? On t'a prodigué pendant des millénaires des conseils, bons ou mauvais. Si tu croupis toujours dans la misère ce n'est pas faute de conseillers, mais c'est à cause de ta mesquinerie. Je pourrais te donner de bons conseils, mais connaissant ta mentalité et ta manière d'être, je sais que tu serais incapable de les mettre en pratique pour le profit de tous.

Supposons que je te conseille de mettre un terme à toute diplomatie et de la remplacer par des contacts fraternels, professionnels et personnels, entre les cordonniers, charpentiers, forgerons, mécaniciens, techniciens, médecins, éducateurs, écrivains, journalistes, administrateurs, mineurs et fermiers de l'Angleterre, de l'Allemagne, de la Russie, de l'Amérique, de l'Argentine, du Brésil, de la Palestine, de l'Arabie, de la Turquie, de la Scandinavie, du Tibet, de l'Indonésie, etc., de laisser aux cordonniers du monde entier le soin de procurer des souliers aux petits Chinois ; aux mineurs celui de donner à tous de quoi se chauffer ; aux éducateurs celui de découvrir les moyens de protéger les nouveau-nés contre l'impuissance et les maladies mentales, etc. Que ferais-tu, petit homme, si tu étais confronté à ces problèmes quotidiens de la vie humaine ?

Tu me ferais les objections suivantes ou tu me les transmettrais par le truchement d'un représentant de ton parti, de ton Église, de ton gouvernement ou de ton syndicat (à moins que tu ne me fasses jeter en prison sous l'inculpation d'être un « rouge ») :

« Qui suis-je pour substituer à la diplomatie internationale des contacts relevant du travail et de l'activité sociale ? »

Ou bien : « Nous ne pouvons éliminer les différences nationales dans l'évolution économique et culturelle. »

Ou bien : « Devons-nous nous aboucher avec les fascistes allemands ou japonais, avec les communistes russes, avec les capitalistes américains ? »

Ou bien : « Je suis concerné en premier lieu par ma patrie russe, allemande, américaine, anglaise, israélienne, arabe. »

148

Ou bien : « J'ai déjà assez de peine à organiser ma propre vie, à m'entendre avec le syndicat des tailleurs. Qu'un autre s'occupe des tailleurs des autres nations!»

Ou bien : « N'écoutez pas ce capitaliste, bolchevik, fasciste, trotskyste, internationaliste, sexualiste, juif, étranger, intellectuel, rêveur, utopiste, démagogue, fou, individualiste, anarchiste! Est-ce que vous n'êtes pas fier d'être Américain, Russe, Allemand, Anglais, Juif ? »

Tu te serviras sans l'ombre d'un doute d'un de ces slogans ou de quelques autres pour te débarrasser de ta responsabilité en matière de contacts humains.

« Ne suis-je rien du tout ? Tu m'as déchiré à belles dents! Après tout, je travaille comme un nègre, je nourris ma femme et mes enfants. Je mène une vie décente et je sers ma patrie. Je ne suis peut-être pas si mauvais que ça!»

Je sais parfaitement que tu es un être honnête, travailleur, sérieux, que tu ressembles à une abeille ou à une fourmi. J'ai simplement démasqué le côté « petit homme » en toi, qui ruine et a ruiné pendant des millénaires ta vie. Tu es *grand*, petit homme, quand tu n'es pas petit et misérable. Ta grandeur est le seul espoir qui nous reste. Tu es grand, petit homme, quand tu exerces amoureusement ton métier, quand tu t'adonnes avec joie à la sculpture, à l'architecture, à la peinture, à la décoration, à ton activité de semeur ; tu es grand quand tu trouves ton plaisir dans le ciel bleu, dans le chevreuil, dans la rosée, dans la musique, dans la danse, quand tu admires tes enfants qui grandis-

Ne suis-je rien du tout ?

sent, la beauté du corps de ta femme ou de ton mari ; quand tu te rends au planétarium pour étudier les astres, quand tu lis à la bibliothèque ce que d'autres hommes et femmes ont écrit sur la vie. Tu es grand quand, grand-père, tu berces ton petit-enfant sur tes genoux et lui parles des temps passés, quand tu regardes l'avenir incertain avec une confiance et une curiosité enfantines. Tu es grande, petite femme, quand, jeune mère, tu chantes une berceuse à ton nouveau-né, quand, les larmes aux yeux, tu formules au fond de ton cœur des vœux pour son avenir, quand tu édifies cet avenir, jour après jour, année après année, dans ton enfant.

Tu es grand, petit homme, quand tu chantes les bonnes vieilles chansons folkloriques, quand tu danses aux flonflons d'un accordéon, car les chansons populaires sont apaisantes et chaleureuses, et elles ont les mêmes accents partout dans le monde. Tu es grand quand tu dis à ton ami :

« Je remercie ma bonne étoile qui m'a permis de vivre sans souillure et sans cupidité, de voir mes enfants grandir, d'assister à leurs premiers balbutiements, gestes, promenades, jeux, questions, rires, amours ; je la remercie d'avoir préservé ma sensibilité grâce à laquelle je jouis encore du printemps et du zéphir, du murmure de la petite rivière derrière ma maison, du chant des oiseaux dans les bois ; je la remercie de ne pas avoir participé au commérage des méchants voisins, d'avoir pu étreindre mon partenaire et d'avoir senti dans son corps le flux de la vie ; de ne pas avoir perdu, en ces temps troublés, l'orientation et le sens profond de mon existence. Car j'ai sans cesse écouté la voix au fond

151

de moi-même qui me disait : « Ce qui compte, c'est de vivre une vie bonne et heureuse. Suis l'appel de ton cœur, même si tu dois t'écarter de la route des âmes timides. Fuis la brutalité et l'amertume, même si la vie te fait parfois souffrir ! Et quand, dans le calme du soir, je m'installe après une journée de travail sur le gazon devant ma demeure, avec ma femme et mon enfant, quand je sens le souffle de la nature, j'entends la mélodie de l'avenir : « Soyez enlacés, millions, j'embrasse le monde tout entier ! » Et je formule l'ardent désir que cette vie puisse faire valoir ses droits, qu'elle puisse convertir les durs et les timides qui font tonner le canon. S'ils le font, c'est que la vie est passée à côté d'eux. Et je serre dans mes bras mon fils qui me demande : « Père, le soleil s'est couché. Où est-il donc allé ? Reviendra-t-il bientôt ? » Et je lui réponds : « Oui, mon fils, bientôt il se lèvera de nouveau pour nous réchauffer ! »

Ainsi, j'en arrive à la conclusion de mon discours, petit homme. J'aurais pu continuer, indéfiniment. Mais si tu as lu mes propos avec attention et loyauté, tu as compris aussi dans quel domaine tu n'es qu'un petit homme, même si je ne l'ai pas précisé. Car tes actions et tes pensées mesquines révèlent partout la même mentalité.

Quel que soit le mal que tu m'as fait ou que tu me feras, que tu me glorifies comme un génie ou que tu m'enfermes dans un asile d'aliénés, que tu m'adores comme ton sauveur ou que tu me pendes comme espion, tôt ou tard la nécessité t'apprendra que *j'ai découvert les lois de la vie*, mettant ainsi entre tes mains un instrument grâce auquel tu pourras diriger ta vie d'une manière consciente, comme tu as su diriger jusqu'ici seulement tes machines. J'ai été l'ingénieur fidèle de ton organisme. Tes petits-enfants m'emboîteront le pas et seront de bons ingénieurs de la nature humaine. J'ai révélé l'immensité du domaine vivant en toi-même, j'ai révélé ta nature cosmique. C'est là ma grande récompense.

Les dictateurs et les tyrans, les petits malins et les clabaudeurs, les géotrupes et les coyotes subiront le sort qu'un Sage leur a prédit :

> J'ai semé des paroles sacrées
> dans le monde.
> Lorsque le palmier se sera fané,
> le rocher décomposé ;
> Que les monarques glorieux
> auront été balayés comme feuilles mortes,
> Mille arches porteront ma parole
> à travers les déluges :
> Ma parole ne passera pas.

petite bibliothèque payot

Si vous vous intéressez à cette collection et si vous désirez être tenu au courant de nos publications, découpez ce bulletin et adressez-le à :

ÉDITIONS PAYOT
106, boulevard Saint-Germain
75006 PARIS

A découper ici

NOM ....

PRÉNOM ....

PROFESSION ....

ADRESSE ....

....

pbp 230

Imprimerie Bussière à Saint-Amand (Cher), France. — 24-10-1984.
Dépôt légal : octobre 1984.   *N° d'imp. 2470.*
IMPRIMÉ EN FRANCE